通じればいいんです！

外国人とのコミュニケーションの第一歩

パックンマックン
渡邉　優

はじめに

マックン（マ）：はい、パックンマックンを知っている人、拍手《はくしゅ》ー！

（会場拍手）

パックン（パ）：大人の方が多いようだね〜。

パ・マ：パトリック・ハーラン（パックン）と吉田眞《よしだまこと》（マックン）、ふたり合わせて、パックンマックンで〜す。

パ：僕《ぼく》たちは、コンビを結成して26年のお笑いコンビです。26年間、毎日のように国《こく》際《さい》交流をしてきました。

マ：会場のなかに、外国人のお友だちはいるかな？

（子ども、数名が手をあげる）

パ：おー、いっぱいいるねぇー。

マ：いつか海外に行ってみたい人？

（たくさんの子どもが手をあげる。会場の後ろの保護者席《ほごしゃせき》でもちらほら）

パ‥おー、全員手をあげているみたいだね。

いろんな外国の方と交流してみたい人は？

（たくさん手があがる）

では、ここで問題です。

日本にも外国の方がたくさんいます。でもね、日本人は悩《なや》むんです。外国人に何て話しかければいいのか？

マ‥子どもたちはパックンが近づいていくと、目をキラキラさせて「何をしてくれるんだろう」って感じで見てるね。

壇上《だんじょう》からおりて、子どもたちの方へ近づくパックン（左）とマックン。

でも、大人はというと、目をそらす人が多いんじゃないかな？
（パックンが後ろに座《すわ》っている大人の方へ歩いていく）

マ：やっぱりそういう感じですね。

外国人が来ると「わぁー、どうしよう、何か話さなきゃいけないかな？　うまく言えないと格好《かっこう》悪いよね」って、ドキドキしていらっしゃるように見えますよ。

パ：今日は、そのドキドキ感を解消《かいしょう》したいと思います。

マ：ということで、今日の僕《ぼく》たちの授業《じゅぎょう》では、外国人に話しかけるとき、開口一番、何と言うのがいいかを考えていきたいと思います。

パ：コントでね。

実は、このパックンマックンと、子どもと保護者《ほごしゃ》のみなさんとのやり取りは、僕が主催《しゅさい》する「子ども大学くにたち」*（↓P7）での授業の始まりのシーンです。

僕は、ふたりのコントにいたく感動してしまいました。とくにこの後マックンが話してくださった、ご自身が大嫌《だいきら》いだった英語を30歳《さい》になってから勉強して、喋れるようになるまでのお話に！

僕は、すぐにこの話を本にしたいと考えました。より多くの子どもと大人たちに知ってほしいと思ったからです。僕は、長く書籍《しょせき》の編集《へんしゅう》をやってきた者です。

しかも、この日の「子ども大学くにたち」の授業は、パックンマックンに続いて、2時間目には、山極壽一《やまぎわじゅいち》先生（ゴリラの研究で世界的に知られる前・京都大学総長《そうちょう》）が登壇《とうだん》。その山極先生の授業も本にしたくなったのです。

実は、山極先生と、『あらしのよるに』などで世界的に有名な絵本作家のきむらゆういち先生と、『笑点《しょうてん》』の黄色のお着物でだれもが知る落語家・林家木久扇師匠《はやしやきくおうししょう》の鼎談《ていだん》（3人で話しあうこと）を本にすることが先に決まっていました。なぜなら、お3人が、それぞれ「子ども大学くにたち」の授業の講師《こうし》をお引き受けくださっていたからでした。

とても異色《いしょく》な組み合わせ！

そんなこともあって、同じ日に授業をしてくださったパックンマックンに、もうおひとりを加えて鼎談を行い、3人の談話集にしようと計画を立てました。

もうひとりの人選としては、パックンマックンと共通項《きょうつうこう》があり、かつ、異色な組み合わせにしたいと思いました。

結果、やはり「子ども大学くにたち」で授業《じゅぎょう》をしてくださったことがあり、しかも、前述《ぜんじゅつ》のパックンマックンのコントを当日会場でご覧《らん》になっていた、現在成蹊《げんざいせいけい》大学客員教授《きょうじゅ》で元・在《ざい》キューバ大使の渡邉優《わたなべまさる》先生にお願いしようということになりました。

渡邉先生もマックンと同じように、独力《どくりょく》で英語が堪能《たんのう》になられた方です。しかも、その英語レベルは、日本の英語能力《のうりょく》をはかる試験のなかでも最難関《さいなんかん》と言われる「国連英《えい》検《けん》」の特A級面接官《めんせつかん》を務めるまでに。

お三方が一堂に会してお話しいただいたらどんなふうになるだろうと、僕《ぼく》はにわかにワクワクしてきました。

「外国人に話しかけるとき、開口一番、何と言うのがいいか」に始まって、アメリカと日本の最難関大学出身者（パックンはハーバード大学、渡邉先生は東京大学法学部出身）を交えた鼎談《ていだん》！　僕は密《ひそ》かに何らかの化学反応《はんのう》が起きることを狙《ねら》っていた次第《しだい》です。

それでは、これからお三方の英語談義《だんぎ》をどうぞお楽しみください。

尚《なお》、僕は、パックンマックンのおふたりがどうやって外国語を習得したのかもお聞きしました。渡邉先生には、外交官として世界各国に赴任《ふにん》され、その国の人々の言語に初めて触《ふ》れたとき、どのようにしたか、なども伺《うかが》いました。乞《こ》うご期待！

企画《きかく》・編集担当《へんしゅうたんとう》
NPO法人子ども大学くにたち
理事長・子どもジャーナリスト　稲葉茂勝《いなばしげかつ》

＊子ども大学くにたち：子ども大学が世界で初めて誕生《たんじょう》したのはドイツのチュービンゲン大学で、２００２年のこと。ドイツでは誕生以来、子どもたちの間で爆発的《ばくはつてき》な人気となり、わずか6年で国中に広まった。その後、ヨーロッパ各都市に１００校近い子ども大学が開校された。日本でも２００８年12月に埼玉《さいたま》県川越《かわごえ》市に誕生。その後埼玉県内では50以上、その他東北地方や神奈川《かながわ》県、愛知県、和歌山県にも誕生した。「子ども大学くにたち」は２０１９年に東京都で初めて開校した子ども大学。“Think Nationally, Act Locally”の考えに基《もと》づき、国立《くにたち》市で子どもたちに向けてＳＤＧｓ《エスディージーズ》をカリキュラムの基軸《きじく》に据《す》えた授業《じゅぎょう》を実施《じっし》したり、「ＳＤＧｓ全国子どもポスターコンクール」を主催《しゅさい》したりするなど、ＳＤＧｓの普及《ふきゅう》活動を行っている。なお、ＳＤＧｓをカリキュラムの基軸にした子ども大学は、日本初。

❖パトリック・ハーラン（パックン）Patrick Harlan

１９７０年生まれ、アメリカ・コロラド州出身。１９９３年にハーバード大学卒業後、日本で英語を教えるという中学時代の友人に誘《さそ》われて来日。福井県福井市の英会話教室で英会話の講師《こうし》をしながら、県内のアマチュア劇団《げきだん》に所属《しょぞく》し活動。１９９６年上京。翌年《よくねん》、吉田《よしだ》眞《まこと》とお笑いコンビ「パックンマックン」を結成する（ボケ担当《たんとう》）。ＮＨＫ《エヌエイチケイ》『爆笑《ばくしょう》オンエアバトル』で人気となる。個人《こじん》としてもＮＨＫ『英語でしゃべらナイト』をはじめ多くのテレビ番組に出演し、注目を集めた。現在《げんざい》、流通経済《けいざい》大学、関西大学で客員教授《きょうじゅ》、東京科学大学で非常勤講師《ひじょうきんこうし》を務《つと》める。『パックン式　お金の育て方』（朝日新聞出版《しゅっぱん》）、「英語と日本語で読んでみよう　世界に勇気と希望をくれたメッセージ」シリーズ（岩崎《いわさき》書店）など著書《ちょしょ》多数。

❖吉田眞《よしだまこと》（マックン）

1973年生まれ、群馬《ぐんま》県富岡《とみおか》市出身。群馬県立吉井高等学校卒業。その後お笑いタレントになり、共通の知人の紹介《しょうかい》で知り合ったパックンとコンビを結成。ツッコミ担当。中学時代から英語が大の苦手だったが、30歳《さい》で英会話学校に通い始め、2003年には、パックンと共にラスベガス公演《こうえん》を行い、英語で漫才《まんざい》を披露《ひろう》するまでになった（2007年にはハリウッドでも公演）。2009年「富岡ふるさと大使」（群馬県富岡市）に、2012年には「ぐんま観光特使」に就任。共著に『パックンマックン★海保知里《かいほちさと》の笑う英会話』（扶桑社《ふそうしゃ》）、『小学生レベルの俺《おれ》がラスベガスで英語で漫才ができた理由』（幻冬社《げんとうしゃ》）などがある。

❖渡邉優《わたなべまさる》

1956年東京生まれ。東京大学法学部卒業後、外務省《がいむしょう》に入省、在《ざい》ジュネーブ政府《せいふ》代表部公使、在キューバ大使などを歴任《れきにん》。退職後《たいしょくご》、知見を生かして国際関係論《こくさいかんけいろん》の学者兼《けん》文筆業へ。『ゴルゴ13』の脚《きゃく》本《ほん》協力も手がける。2023年度から成蹊《せいけい》大学客員教授《きょうじゅ》。著書《ちょしょ》に『知られざるキューバ』(ベレ出版《しゅっぱん》)、『グアンタナモ　アメリカ・キューバ関係にささった棘《とげ》』(彩流社《さいりゅうしゃ》)、『ジョークで楽しく学ぶスペイン語』(ベレ出版)、『SDGs《エスディージーズ》辞典』(ミネルヴァ書房《しょぼう》)のほか、司会の稲葉《いなば》との共著《きょうちょ》として『これならわかる！　SDGsのターゲット169徹底解説《てっていかいせつ》』(ポプラ社)などがある。国連英検《えいけん》指《し》導検討《どうけんとう》委員、日本国際問題研究所客員研究員なども務《つと》める。

もくじ

第一章

日本では「こんにちは」

パックンマックンが子ども大学くにたち（↓P7）の講師《こうし》として小学生に授業《じゅぎょう》をしたのは、2024年1月27日（↓P2）。半年後、その授業にオブザーバーとして参加していた元・在《ざい》キューバ大使の渡邉優《わたなべまさる》先生とパックンマックンとの鼎談《ていだん》が実現《じつげん》しました。第一章では、その様子を見てみます。テーマは「英語コミュニケーション」！

(1) コントで提案《ていあん》！

■沖縄《おきなわ》での「こんにちは事件《じけん》」

司会（稲葉《いなば》）：パックンマックンが「子ども大学くにたち」に登場。冒頭《ぼうとう》にマックンが「今日の僕《ぼく》たちの授業《じゅぎょう》では、外国人に話しかけるとき、開口一番、何と言うのがいいかを考えていきたい」とおっしゃり、パックンが「コントでね」と付け加えられていました（→P4）。おふたりのお笑いコンビ「パックンマックン」にも、ボケとツッコミの役割があるのですよね。

マックン（マ）：はい。僕がツッコミ役で、パックンがボケ役なんです。イメージでは逆《ぎゃく》かもしれませんが。

パックン（パ）：そう、僕のイメージはボケじゃないでしょ。

司会：そうですね。たしかにパックンというと、世界的に有名なハーバード大学出身の秀才《しゅうさい》と思われていますね。とくに、2016年2月にドナルド・トランプ氏がアメリカ大統領《だいとうりょう》に選出されたとき、日本のテレビ番組に出演中《しゅつえんちゅう》だったパックンが、トランプ大統領の演説《えんぜつ》の同時通訳《つうやく》を含《ふく》めて解説《かいせつ》をなさった内容《ないよう》が素晴《すば》らしかったと。それが「神対応《かみたいおう》」だなどと言われてから、そのイメージが一般《いっぱん》に定着したようです。

パ：そう、紙＝ペーパー対応！

マ：髪《かみ》＝ヘアじゃないの？

（一同笑い）

司会：ではもう少し、パックンマックンの子ども大学くにたちでのコントの続きを、振《ふ》り返ってみましょう。

パ：街で外国の人を見かけたとき、みんなは、何て話しかけますか。

鼎談会《ていだんかい》参加者はパックンさん（右上）、マックンさん（右下）と渡邉優《わたなべまさる》先生（左上）。左下は司会の稲葉茂勝《いなばしげかつ》（子ども大学くにたち理事長）。

子ども：「こんにちは」

パ：（拍手《はくしゅ》しながら）１００点！　外国人は、日本語を喋《しゃべ》りたいんです。

マ：外国人観光客は、日本に興味《きょうみ》を持っているから日本に来ているんでしょ。日本語を話したいという人も多いですよ。そういう外国人には、僕《ぼく》たちが日本語を話すきっかけをつくってあげるといいですね。そういう意味で僕たちは、「こんにちは」と言ってあげることを提唱《ていしょう》しているんです。

パックンマックンの「こんにちは事件《じけん》」というものがあります。

パ：沖縄《おきなわ》のビーチで起こった事件です。

マ：沖縄のビーチでロケをやっていたんですよ。パックンがスタッフさんと歩いていて。

パ：そのちょっと後ろをマックンが歩いていました。

マ：そしたらね、前方から外国人観光客の団体《だんたい》が、こっちに向かってやってきました。

パ：僕が、その団体に向かってHow do you do? と言ったんです。そしたら、そっけない反応《はんのう》。せっかく異国《いこく》の地で、英語で話しかけたのに。

マ：で、観光客が僕の方に近づいてきました。僕が小さな声で「こんにちは」って言っ

息ぴったりのパックンマックンのコント。

会場の子どもたちは、パックンマックンの動きに大喜び。

たら、その観光客全員が振《ふ》り向いて、「こんにちは！」（パックンマックンふたり同時にユニゾン）と言ってくれたんですよ。

パ：すごかったですよ。たぶんね、飛行機のなかでガイドブックとかを見て、日本語のかんたんなフレーズを覚えたんですよ。

マ：それで最後、僕《ぼく》が観光客に向かって「さようなら」と言ったら、全員が「さようなら！」って言って去っていきました。

パ：みなさんも、ぜひ、日本で外国の人と話す機会があったら、「こんにちは」って話しかけてあげてください。

マ：外国人に「こんにちは」と話しかけるのがいいという理由は、ほかにもあります。日本語で話しかけた方が、その後に気楽になれる！

パ：ひとつ目が、外国人は日本語を喋《しゃべ》りたい。ふたつ目は、自分にとって気が楽になる、そして3つ目。街で見かける外国の人は、実は日本人だったり、日本語がペラペラだったりすることもあります。

マ：最近はそういう可能性《かのうせい》が高くなっていますよ。見た目だけだとわからない。パックンみたいに30年日本にいる人だっているし。パックン、何歳《なんさい》のときに日本に来たの？

パ：22歳のときだから、僕はアメリカにいる年数より日本にいる年数の方が長いんだよね。奥《おく》さんも日本人だし、子どももも日本で生まれたし、僕にとって日本語がほぼ母国語になっているんですよ。

マ：では、もう1回いきますよ、外国人っぽい人に話しかけるときは、何て言えばいいのー？　せーの「こんにちは」！

パ：みなさんもぜひ、世界と楽しく交流してみてほしいなと、僕たちは思っています。

総勢《そうぜい》200人の観客から、「こんにちはー！」と大きな反応《はんのう》が聞こえた。

(2) 繰《く》り返すこと

■パックンマックンの提言《ていげん》

司会：パックンマックンのおふたりが、子ども大学の授業《じゅぎょう》で子どもたちに尋《たず》ねた「外国人に話しかけるとき、開口一番、何と言うのがいいか」について。これが今日の鼎談《ていだん》の本題です。

渡邉先生、パックンマックンの提言「日本では、外国人らしい人には『こんにちは』と話しかけるのがよい」について、どう思われますか。

渡邉：僕《ぼく》もおふたりに大賛成《だいさんせい》です。海外から日本にいらっしゃる方のほとんどが、日本と日本文化について知りたい、日本人と仲良くしたいと思っていると思います。言葉というのは、そのための手段《しゅだん》です。

話をしやすいよう、円卓《えんたく》で行った鼎談会《ていだんかい》。

英語はたしかに国際語《こくさいご》ですが、多くの人は、せっかく日本に来たのだから、少しでも日本語を使ってみたいでしょう。

司会：ありがとうございます。ということで、「こんにちは」で始まる外国人との会話について、みなさんで考えてほしいと思います。

パックンマックンのおふたりは、コントでこんなこともおっしゃっていましたね。

マ：それでは、英語で挨拶《あいさつ》してみましょう。

パ：僕が「ハロー」って言ったら、みなさんも英語で答えてくださいね。

ハロー！

（会場の子どもたち：声をそろえて「ハロー」）

パ：ナイス　チュー　ミー　チュー！

（会場：また声をそろえて「ナイス　チュー　ミー　チュー」）

パ：ハウ　アー　ユー？

（会場：「ハウ　アー　ユー？」と大きな声で。だんだん気分も乗ってきたように見える。ところが……)

マ：あれ？　パックンが「ハウ　アー　ユー？」って聞いたのに、みんなも「ハウ　アー　ユー？」なんて……。

パ：おかしいぞ〜。

マ：だれも「リピート　アフター　ミー」、繰《く》り返して、とは言っていませんよ。

今の会話は、日本語にすると「元気ですか？」に対して「元気ですか？」って答えたことになりますよ。

パ：僕《ぼく》が「ハウ　アー　ユー？」って聞いたんだよ。何て答えたらいいのかな？

質問《しつもん》してるのに、質問で返してきたってことになりますからね。

(会場のあちこちから、「アイム　ファイン」という声が聞こえてきた)

パ：そうだね。もし疲《つか》れてたら、「アイム　タイアード」。悲しかったら「アイム　サッド」。眠《ねむ》かったら「アイム　スリィーピー」、絶好調《ぜっこうちょう》だったら「アイム　絶好調」！

マ：それは、日本語ですけど！

渡邉：（笑いながら）あのオチ、おもしろいし、子どもたちに受けるネタでしょうが、パックンマックンは、知らない外国人に「こんにちは」と話しかけた後に、「お元気ですか」って言うように勧《すす》めているんですか？

マ：いやいや、そんなボケは、さすがにパックンでもしないよね。

パ：日本人が「はじめまして。お元気ですか」「はい元気です。あなたは？」「僕も元気です」なんて日本語で言っているのを、聞いたことがありませんよ。

渡邉：そうなんですよね。でも、日本の英語の教科書には、昔から、少なくとも僕が初めて英語を習ったときから、

会場に子どもたちの大きな笑い声が響《ひび》く。

Nice to meet you. How are you?
I'm fine. Thank you.
How are you?
I'm fine, too.

なんてやり取りが載《の》っていました。日常《にちじょう》生活で、「お元気ですか」「はい、元気です。ありがとう。あなたは？」なんて言いません。このあたりに、日本の英語教育の問題があるような気が僕《ぼく》はします。

パックンマックン、いかがですか？

パ：僕は日本の学校教育について偉《えら》そうに話すことはできません。でも、日本の英語教育にはよい面もあれば、そうでないところもあると思っています。受験勉強では、しっかり語彙力《ごいりょく》が身につくし、文法力も。一方、英会話は、ダメ。それは、英会話を上達させる勉強とは違《ちが》うからです。それでも日本の子どもたちは、マックンみたいに何かのきっかけで、一気に英語力が身につくことがあると信じています。

マ：（大きくうなずいて）うん、そうなんですね。受験勉強の英語と英会話の勉強っていうのは、全く違います。僕は、後で詳《くわ》しくお話ししますが、中学・高校と英語が苦手でした。パックンとコンビになったことがきっかけで、何とか。でも、そんな父親がいるからか、うちの娘《むすめ》は、中学1年生の1学期のテストで英語が30点！　案の定、英語が嫌《きら》いになっちゃったんです。妻《つま》が英語の塾《じゅく》に通わせようとしたけど、勉強することでかえって英語嫌いになった僕の例（↓P33）があるので、やめました。ところが、英語の勉強ではなくて僕と同じように英会話を習い始めたら、中3になってすぐに英検準《えいけんじゅん》2級に合格《ごうかく》。なぜかその後、学校の英語のテストもよくなったんです。

司会：そうなんですね。英検といえば、渡邉先生は「国連英検」の面接官《めんせつかん》なんですよ。

マ：「国連英検」っていうものがあるのですか？

渡邉：はい。「国連英検」は、正式名称《めいしょう》は「国際《こくさい》連合公用語英語検定《けんてい》試験」といって、1981年に始まりました。この試験は年に2回、全国主要都市で実施《じっし》されています。学生から社会人までの幅広《はばひろ》い方々が対象です。受験資格《しかく》はとくにありません。だれでも受験できます。

パ：どんな内容《ないよう》が出題されるんですか？

渡邉：出題のトピックは、やはり国連の活動にそって、世界平和、地球環境《かんきょう》、世界政《せい》治《じ》、世界経済《けいざい》、人権《じんけん》、食料、医療《いりょう》など、世界情勢《じょうせい》・国際《こくさい》時事問題を広く扱《あつか》っています。今まさに地球上で問われている問題を認識《にんしき》し、自分の考えや解決策《かいけつさく》を論理的《ろんりてき》に伝達する表現力《ひょうげんりょく》が求められます。単なる語学力の判定《はんてい》にとどまらず、総合的《そうごうてき》な国際コミュニケーションスキルが問われる検定《けんてい》試験です。

マ：うちの娘《むすめ》は中3で、英語がだんだん喋《しゃべ》れるようになってきていますが、彼女《かのじょ》のモチベーションは、パックンの家族と英語で喋ること。地球上で問われている問題を認識し、自分の考えや解決策を論理的に伝達したいなんて、ひっくり返っても考えないですな。

パ：うん（笑）。まあ、彼女ももうだいぶ喋れるね。すごいよ。でも、僕《ぼく》たちは日本語でも渡邉先生の言うような内容《ないよう》を話せないかもよ。（一同大笑い）

マ：英会話をやったことで、中学の英語の勉強がすごく楽になったみたいで。将来《しょうらい》は、国連英検《えいけん》をめざしてもらいますか。（パックン、うなずく）

■間違《まちが》えたときこそ吸収《きゅうしゅう》しやすい

渡邉：実は僕もずっと昔、フロリダで英語の勉強をしたことがありました。日本人は文法ができるから、上の方のクラスに入ってしまいました。

パ：日本人はみんなテストが得意だからね。

渡邉：一方、ラテンアメリカやほかの国の人たちは、そんなに文法ができないのに、なぜか喋れるんです。よく聞いていると、これ英語かな？　あやしげな英語だな、なんて思いました。

パ：でも、通じますよね。

渡邉：そう、通じちゃう。ボディランゲージもあるし、勢《いきお》いでどんどん喋って、通じちゃう。

文法を「間違《まちが》っても話す」「間違っていたら直す」ことが大事だと話す、渡邉《わたなべ》先生。

これってすごく大事なことだと思いました。でも、そのときただひとつ思ったのは、間違《まちが》ったら直してくれる人がいないとダメだということでした。

（パックンマックン、うなずく）

間違って喋《しゃべ》る、それはいい。でも、正しく教えてくれる人がいないとね。上達しない。スポーツもそうですよね、コーチがついていることがとても大事です。

マ：そうですよー。

渡邉：パックンみたいに奥《おく》さんが日本人で、こう言った方がいいんじゃない？　と直してくれると、もっといいですね。

パ：その点で言えば、日本人は優《やさ》しすぎますよ。通じない日本語でも通じてるかのように相づちを打ったりして。

渡邉：（笑）そうなんです。

パ：そうすると、進歩が遅《おそ》くなりますよ。日本語を学んでいる外国人はね。

マ：間違ってても言いたいことはわかるから、意味をくみ取っちゃうんだよね。

パ：そうかもしれないけど、「間違ってるよ」って、気を遣《つか》わずに直してくれた方がいいんだよ。
マ：「てにをは」の間違いとかね。「間違ってたら言ってね」って言う人も多いよね。僕《ぼく》は、パックンの友だちとかが妙《みょう》な日本語を話していたら、直すようにしているよ。
パ：僕も最近、朝日テレビの中国人のADさんにそうしているよ。
（間髪《かんぱつ》入れずに、マックンが笑いながら）
マ：「テレビ朝日」ね。
パ：そう、テレビ朝日。
マ：（笑）こうやって直すんだよ。
司会：さすがにおふたりの息はぴったり？　パックンはわざと「朝日テレビ」と言ってマックンのツッコミを誘《さそ》ったってわけですね。（一同笑い）
渡邉先生のコーチも外国人なんですよ。奥さまが！
渡邉：僕の妻《つま》は、スペイン人なんです。
パ：あー、そうなんですか！
渡邉：情《なさ》け容赦《ようしゃ》のないスペイン語コーチです。

パ：素晴《すば》らしい！
マ：家族となると、本当に細かい指導《しどう》をしてくださるのではないですか？
渡邉：指導が行き届《とど》きすぎて、ときどき揚《あ》げ足取りまでしてくるような感じもします。
パ：スペイン語で喋《しゃべ》っているのですか、おふたりは。
渡邉：お互《たが》い有利な方で喋っています。とくにケンカするとき。
パ：（笑）日本語がわかるんですね、奥《おく》さまは。
渡邉：ときどきわからないフリをしますが（笑）。
パ：都合のいいときに（笑）。
マ：え？　都合がいいとき？　悪いときじゃないの？
渡邉：それって、すごく難《むずか》しいですね。

マ：日本の英語教育の話に戻《もど》しましょうか。
司会：マックン、進行のお手伝いをありがとうございます。
マ：僕《ぼく》らの子ども時代と今って、もう全く変わっていますよね。僕らのときは、本当にそれこそ、日常生活《にちじょう》のなかで英語を喋る機会なんてなかったから。
司会：マックンのお考えをお話しいただけますか。
マ：とにかく文章でばかり英語を勉強してました。単語が間違《まちが》ってたら、「s」がついてなかったら、過去形《かこけい》になってなかったら……もうとにかくそれで×《バツ》。だから、僕は英語が嫌《いや》になってしまいました。でも、大人になって英会話教室に行ったら、実は中学高校で英単語をやらされたおかげで、単語力はついていた。自分の頭のなかに何千もの英単語があることに気づいた。で、それを間違ってもいいから吐《は》き出せれば英会話として通じる。
　僕は、通じないときは、恥《は》ずかしさじゃなくて悔《くや》しさがあったんです。悔しさをバネにして、こういうときにはこういう単語を使うんだと、どんどん覚えまくった。間違えたときこそ、吸収《きゅうしゅう》しやすいっていうことに気がついたんです。少しずつ喋れるようになってきたら、必然的に書けるように、読み書きができるようになってきました。だから僕は、うちの娘《むすめ》には、今受験生ですけれども、スピーキングとヒアリングをたくさんやらせるようにしてきました。

■実践《じっせん》練習の場

司会：ありがとうございます。先ほどからお聞きしていると、渡邉先生とマックンのおふたりとも、日本の英語教育に対しては、実用的な英会話を学べる時間やチャンスが少ないと感じられているけれど、そのほかについては批判的《ひはんてき》なご意見をおっしゃっていないようです。でも、パックン、ズバリ言って、何かありませんか。

（渡邉先生が先に口火を切った）

渡邉：そうそう。いい先生にあたらなかったから外国語が苦手になった、嫌《きら》いになったといった経験はありませんか。

パ：おお〜、まあでも、そうですね。じゃ、うちの娘《むすめ》で例をあげますね。僕《ぼく》がアメリカ人だから、僕と喋《しゃべ》ることによって英語の楽しさを知って、英語にのめりこんでいけたんですよ。だから日本の学校の教科で言えば、英語だけでなく、国語もそう、社会も数学も、すべての教科で楽しいなって思えれば、のめりこめるんです。でもその楽しさを、学校側はうまく伝えてくれていないのかなって気がしています。

司会：言いづらそうにおっしゃっていますが、そういうことが、日本の学校にはあり

がちってことですね。（パックン相づちを打つ）

パ：僕は批判してないつもりはないですよ。日本の学校では、間違《まちが》いなく英会話の練習の場が足りていない。実践する場がほとんどなく、聞いてメモする、読解《どっかい》する、あとは丸暗記するばかり。実践練習の場を増《ふ》やさなきゃいけないと思います。

ここで、僕のスペイン語学習のことを話してもいいですか？　渡邉先生の奥《おく》さまがスペイン人だとお聞きしたので。

司会：もちろんです。

パ：アメリカの外国語教育も、成功してるわけではないんですよ。

僕は学校で4年間スペイン語をしっかり勉強して、喋れるつもりなんですけど、日本に来て半年くらいで、それと同じくらいの日本語が喋れるようになったんですよ。実は、僕もアメリカにいたとき、スペイン語は教室で勉強するもので、教室から出ればスペイン語は使いませんでした。日本の学生も、英語の授業中《じゅぎょうちゅう》は英語を使うかもしれないけど、授業の進行は、英語の授業も含めてすべて日本語です。街に出て使うことも、全くない。

僕《ぼく》は、昔からあちこちで言ってるんですけど、小学生の頃《ころ》から、授業で英語を使うのはどうでしょうか、と。たとえば1年生では、「教科書を出して、Get out your textbooks」と、日本語を言ってから英語を言う。2年生では、もうGet out your textbooksだけでいい。3年生からは「先生、トイレ行っていいですか？」「いいけど、まずCan I go to the bathroom? と英語で言ってから」「Can I go to the bathroom?」と英語で言わせる。

渡邉：Number one or number two?*（笑）

パ：そう。Number one or number two? って聞いてもいいよ（笑）。

こんなふうに英語を取り入れて、英語の授業《じゅぎょう》だけでなく、算数や社会、ほかの授業も全部英語でやる。みんな英語にどんどん慣《な》れてくる。そうすれば、英語が学ぶものじゃなくて、使うものだとわかってくると思います。

マ：僕ら、兵庫《ひょうご》県の養父《やぶ》市ってところで年に1回か2回、ある小学校で講演会《こうえんかい》をやらせていただいているんですけども。

司会：いつからやってるんですか？

＊number one はおしっこ、number two はうんちのこと。

マ：もう、何年ぐらい？
パ：8年ぐらい？　片道《かたみち》5時間かけて行く（笑）。
マ：そう、片道5時間か6時間、もっとかな？
パ：帰りの電車が、熊《くま》にぶつかったりするんだよね。
マ：そうそう。「今、熊に衝突《しょうとつ》したので、安全を確認《かくにん》してから……」って。そんなところまで行くんですけれど。
　そこの学校は、学校中のいたるところに、英語でこれは何て言いますよ、とか、英語の問題が貼《は》り出されていて、「わかったら校長先生のところに来てください」と書いてあるんです。朝礼の挨拶《あいさつ》も英語。校長先生が率先《そっせん》して、英語で挨拶しているのです。それは、すごくいいなあと思いましたね。
渡邉：いやぁ、そうですね。僕も、おふたりのおっしゃることに同感です。
　僕も、昔から思ってたことがあります。さっきパックンがおっしゃったように、英語って使って楽しい、と思うようにするには、ネイティブの方たちがどうやって喋《しゃべ》ってるのか、見る機会をつくるべきだと思っていました。

パ：どんなふうにして？　たとえば？

渡邉：たとえばね、授業《じゅぎょう》で映画《えいが》を見ます。「みんな家で映画を見て、この場面の会話を覚えてきてね」として、できれば配役を決めたいですね。マックンはハンフリー・ボガード、パックンはだれがいいですか？　シュワルツェネッガー（笑）？

パ：あ、シュワルツェネッガーでお願いします（笑）。

渡邉：こんなふうにやったらいいと思います。

僕《ぼく》は今でも『カサブランカ』を、大学の授業で使ったりしています。「さあこの場面みんなで覚えてやってみましょう」とか「こう言ったらモテるよ」とかやっているんです。

あと、日本の学校教育についてもうひとつ言わせてください。

これは学校教育に対する不満といえば不満なんです。たとえば世界史。日本の学校って世界史をものすごくたくさん学ぶんですよね。外国に留学《りゅうがく》に行っても、歴史の知識《ちしき》では全然引けを取らないんです。でもね、言えないんですよ。

パ：言えないって、どういうこと？

渡邉：たとえば、1929年にアメリカで大恐慌《だいきょうこう》が起こりました、そのために世界は大変なことになりました、って。
パ：日本語で言えるけれど英語で言えないということですか？
渡邉：大恐慌が The great depression って出てこないんですよ。もったいない。
パ：たしかに。
渡邉：人の名前でもね、毛沢東《もうたくとう》とか。
マ：毛沢東は、英語では「毛沢東」じゃないんだ？
渡邉：Mao Ze tong かな。
パ：わかる。習近平《しゅうきんぺい》が Xi Jin ping とかね。
渡邉：そうそうそう。物理学でも数学でも世界史でも、まずは1科目でもいいから、英語でやってくれたら、すごく役に立つのに、と思いました。
司会：それは、中学生ではちょっと難《むずか》しいでしょうね。高校生でも難しいかもしれませんから。
渡邉：そうですね。でも、ノーベル賞をもらってる日本の方などはみな、英語で仕事をしているんですよね。英語で議論《ぎろん》して英語で論文《ろんぶん》を書いているんですよ。なので、子どもの頃《ころ》から、将来《しょうらい》仕事や研究をスタートするための英語にもっと触《ふ》れさせたいということです。そういう教育をすれば、日本はもっとノーベル賞受賞者が増《ふ》えるかもしれませんよ。

パ：その通りです。英語でもっと発信すれば、それが世界に届《とど》いて、日本の大学のランキングもあがりますよ、きっと。日本の大学のランクがなんでこんなに低いかっていうと、教育レベルが低いのではなく、英語での発信力が足りなくて、気づかれていないからだと思うんです。

渡邉：とってももったいない話だと思います。

マ：物は考えようですね。人間って2〜3歳《さい》くらいから、日本人だったら日本語を喋《しゃべ》り出すじゃないですか。小学校1年生になると、もうある程度《ていど》、親兄弟との会話、友だちとの会話が、普通《ふつう》にできますよね。5〜6年間で言語を習得できるわけです。英語も、中学校と高校で6年間やってるんだから、しっかり会話することを、学校教育のなかに取り入れれば、みんなある程度の会話力は身につくと思ってるんですけどね、僕《ぼく》は。
渡邉：そうですね、若《わか》いうちにね。
司会：また、マックンに進行を助けていただきましたね。
パ：まあ、24時間日本語で暮《く》らしてると、週1～2時間英会話をやっているだけでは、どうしようもないとは思いますよ。
マ：うちの娘《むすめ》の場合は、実は、1日30分だけ日本語禁止《きんし》にしているんですよ。両親日本人の普通の家庭なのに……。
僕自身もそうすることがあります。インターネットで、外国の人とつながってやってるんです。日本語がわからない外国人とです。1年くらいやっています。
渡邉：ちょっとした努力ですね。
司会：今の話は language circumstance、言語環境《かんきょう》のことを言ってらっしゃると思うんですけれど、環境をつくるには、まわりの大人や学校の先生の協力が必要ですよね。
言語環境が整えられない場合でもできる努力や工夫《くふう》には、どんなことがあるでしょうか。ないものねだりというわけにはいかないですから。ここで、だれでもできる努力や工夫というものを、どなたかご提案《ていあん》いただけませんか。

マ：僕《ぼく》が昔よく言われたのは「マックンはいいよね、パックンがいるから毎日英語を話せる環境《かんきょう》があるじゃん、外国人がまわりにいないから、英語が話せないんだよね」ってことです。でもそれを、野球をやりたいけど、バットとグローブを買うお金がない、みたいな感じで言われることがよくありました。

パ：今はいくらでも方法がありますよ。稲葉さんや渡邉先生が子どもの頃《ころ》は、英語に触《ふ》れる機会は限《かぎ》られていたと思いますけれど。でも、今はポケットに世界が入っているじゃないですか。

世界とやりとりしたいなら、スマホを活用してチャットルームに入ったり、コメントを読んだり、自分も反応《はんのう》したりして、英語で対話してみればいいんですよ。音声チャットアプリもあります。オンラインゲームでチームを組めば、コミュニケーションをとることもできます。昔では考えらないくらい、今は英語に触れる環境が整っている。それを利用するかどうかだけなんです。

渡邉：昔我々《われわれ》が外国人と話そうと思ったら、アマチュア無線*でした。無線で外国にい

*アマチュア無線：無線のうち営利《えいり》・商用目的でない個人的《こじんてき》な利用。アマチュア無線技士《ぎし》の資格《しかく》を取り、無線を利用するための申請《しんせい》などが必要。

る人とつないで会話をする。お金はかかるし、勉強しなきゃいけないし、免許《めんきょ》を取らなきゃいけなかったんですよ。

そうした時代と比《くら》べたら、今の人たちは環境的に本当に恵《めぐ》まれていると思います。Amazon や Netflix などの動画配信サービスで、いつでも英語の音声つきの動画が見られますからね。

あまり動画やテレビばかり見てはいけないというのもわかりますが、親も、子どもたちが英語で楽しい動画を見るのを、ある程度《ていど》は許《ゆる》してあげたらよいのではないかと思います。

マ：その通りですね。SNSの世界は、面倒臭《めんどうくさ》いこと、危《あぶ》ないこともあるので、ほかのことの方がいいかもしれないけれど。やはり、本当に英語を勉強したければ、日本人どうしでも30分は日本語禁止《きんし》、というやり方もあるんじゃないかな。

でも、日本人どうしじゃ、さっきパックンが言っていた、間違《まちが》ったら指摘《してき》してもらうっていうのは、難《むずか》しいかな。

渡邉：みなさんそれぞれに工夫《くふう》するしかありませんが、でも、やり方はあるはずです。

(3) 通じればいいんです

■完璧主義《かんぺきしゅぎ》を捨《す》てる

渡邉：英語が大嫌《だいきら》いだったというマックンが、アメリカ出身のパックンと組んでいらっしゃる！　今回の鼎談《ていだん》の話が稲葉《いなば》さんから来たときに、調べさせていただいたんですが、おふたりは2003年にラスベガス*で、2007年にはハリウッドでも英語漫才《まんざい》に挑戦《ちょうせん》して成功をおさめられたんですよね。マックンはどうやってそこまで英語を話せるようになったのですか。

マ：はい、僕《ぼく》の英語嫌《ぎら》いは、日本の学校の英語教育のせいだと思っていたのは確《たし》かですが、今はというと、学校で習った英単語のおかげで、その後喋《しゃべ》れるようになったと思っているんです。

渡邉：先ほどおっしゃっていたことですね（↓P33）。詳《くわ》しく教えていただけますか。

マ：学校で習ったおかげで、僕でさえ、頭に英単語がいっぱい入っていたんです。大人になると図々しさが身についてきて、何か質問《しつもん》されたら、知っている単語で

＊ラスベガス：アメリカ西部・ネバダ州の南端《なんたん》に位置する都市。カジノを併設《へいせつ》したホテルや劇場《げきじょう》、ショッピングモール、テーマパークが密集《みっしゅう》する、世界有数の観光地であり「ギャンブルの街」。「眠《ねむ》らない街」とも言われる。

答える。すると、なんとなくその場の英会話が成立していて、相手とコミュニケーションがとれるということがわかってきたんですね。それでも、もうひとつ英語が嫌いだった理由があるんです。My father work bank 問題です。

渡邉：え？

パ：He likes to tell jokes and riddles. マックンはジョークやなぞなぞが好きだからね。

渡邉：Jokes and riddles? ジョークやなぞなぞですか？

What's the punch line?* それで、オチは？

パ：That's right. 細かいところが落ちていたんですね。ｓやａがなかったり、ａなのか the なのか悩《なや》んだり。日本の学校のテストでは、そうした細かいところで×《バツ》になってしまって、マックンも嫌《いや》になったんでしょうね。

英会話は、相手に通じれば、その時点で１００点なんです。My father work bank って言えば、相手の人に通じる。間違《まちが》ってもいいから、知っている単語で何か自分を表現《ひょうげん》しな、そうしたら相手がくみ取ってくれて会話が成立するよ、なんてことを、僕は以前マックンによく話していましたよ。

＊punch line：話のなかでの聞かせどころ。笑い話のオチのこと。

渡邉：アメリカに関しては、移民《いみん》の国ですから、アメリカ人だからといって完璧《かんぺき》な英語を話す人ばかりではありませんよね。むしろ、文法なんか関係なく、日常《にちじょう》、何の問題もなく暮《く》らしている人もずいぶんいますね。

パ：マックンは、完璧な文法じゃなくても、知ってる単語をつなげて表現《ひょうげん》して自分の言いたいことが通じたときの喜びで、どんどん学習しようという気になったんだよね。そうやってスイッチを切り替《か》えられたことで、英語が喋《しゃべ》れるようになったと、僕《ぼく》は近くで見ていてそう思いましたよ。マックンに限《かぎ》らず、日本人のみなさんは、完璧主義《しゅぎ》を捨《す》てれば、英語を話せるようになるんですよ。

渡邉：先ほども言いましたが、日本人は、ペーパーテストの成績《せいせき》がすごくいい。一方、いろいろな外国人は、あやしげな英語でどんどん発言し、それでも問題なくコミュニケーションが成立して会話が進んでいく。日本人の僕たちは、なかなかそこに割《わ》って入れない。頭のなかで正確《せいかく》な構文《こうぶん》を考えているうちに、次の話題に移《うつ》ってしまい、話す機会を逃《のが》してしまう。こんな感じでしょうか。しかし、それでは本末転倒《てんとう》ですよね。

マ：本当にそうですね。さっき言いかけたMy father work bank 問題も同じ。僕たちは、全国各地の講《こう》演会《えんかい》で、「私のお父さんは銀行で働いています」を、英語で何て言うか聞くことがあります。

　すると、多くの人が、My father work bank と答えるんです。My dad works in the bank と言う人もいます。すると、パックンは、どれも１００点！　と言うんです。みなさん喜んだ顔をされますよ（→P93）。

パ：通じればいいんです。僕には通じました。でも必ず、もっといいのは、My father works at a bank かな、って言いますよ。これも先に話したように（→P30）、訂正《ていせい》する人が必要ですからね。

　そうそう、ひとりだけ珍回答《ちんかいとう》もありました。た

細かい文法があっていなくても、「僕《ぼく》に通じれば100点！」と説明《せつめい》するパックンさん。

しか千葉の講演会《こうえんかい》で、同じ質問《しつもん》をしたら、My father is ATM って言った人がいたんですよ。大人の方でした。

（全員笑い）

日本人は、英語を喋《しゃべ》れているのに、それを認《みと》めてもらえない。自信を持って英語を喋らないから、なかなか英語が上達しないんです。多くの日本人は、日本語なら、完璧《かんぺき》なんでしょうかねぇ？　そんなわけないでしょう。

マ：講演会で僕《ぼく》たちは「このなかでカラオケに行ったことある人？」って、よく聞くんです。すると、ほとんどの人が手をあげます。

パ：続いて僕が「じゃあ、このなかで声楽を学んだことがある人？」と聞く。

マ：「声楽を学んだことがなくても、カラオケで歌を歌うでしょ？」は、僕のセリフです。

パ：完璧に歌えるわけじゃないけど、歌うと楽しいから問題ない。同じ気分で英語を喋れば。間違《まちが》いながらでいいから、楽しく喋ればいいと思います。

こうった具合なんです。僕たちはいつも。

司会：いやはや、素晴《すば》らしい。今だっておふたりの掛《か》け合いは、さすが！　26年のコンビぶりが感じられました。

■性格診断《せいかくしんだん》？

パ：「こんにちは」と言って、次に僕たちが何をするかについて話してもいいですか？

司会：もちろんです、ぜひ。

マ：では、またコントでお見せしましょう。突然《とつぜん》ですが、右手・左手どちらでもいいので、あげてください。はい、そのまま手をぐるぐるまわしてください。

（渡邉先生、司会者も、後ろにいる編集《へんしゅう》スタッフも手をぐるぐる）

パ・マ：では、いきますよ。最初はグー、じゃんけんポン。

（ふたりがいっしょに掛け声を発する）

パ：今やったじゃんけんは、勝ち負けを問題にするものではありませんよ。性格診断なんです。

今、みなさんが出したじゃんけんの手の形には、みなさんの性格が現《あらわ》れてるんです。とっさに出すときには、必ずその人の癖《くせ》が出るからです。それは、性格《せいかく》そのものです。

マ：グーを出した人、どういう性格でしょう。

パ：グーを出した方、ほら、手を見てください。石の形をしています。

マ：頭が固い人が多いんです。頑固《がんこ》な人が多いと言われていますよ。

パ：それでは、チョキを出した人。

マ：チョキの人がいちばん多いですね。

パ：チョキっていうのは、グーでもないし、パーでもない。

マ：中途半端《ちゅうとはんぱ》な人が多いですね。

パ：では、パーを出した人は？

マ：どういう人ですか？

パ：くるくるパーです。（一同笑い）

3人それぞれのユーモアで、笑いの絶《た》えない鼎談《ていだん》となった。

第二章　歌と遊びとコミュニケーション

第一章では、外国人との会話の第一声が、日本語の「こんにちは！」でいいんだ！　という画期的な提言《ていげん》がパックンマックンから飛び出しました。では「こんにちは」の後は、どうしたらいいのでしょう？　さらに打ち解《と》ける方法は？　第二章も、パックンマックンの楽しいコントを交えて見てみましょう。

(1)「こんにちは」の次は、じゃんけん！

■世界のじゃんけん

司会：もう少し、「こんにちは」の次に何をするかについて考えていきたいと思います。

渡邉：先ほどパックンマックンのおふたりが、じゃんけんをするように見せて、実は性格診断《せいかくしんだん》をしてくださいましたが、外国の方と話すときには、そういうノリが大切だと、僕《ぼく》も考えます。つまり、相手との関係を楽しくつくること。そのとき、その場所で、それぞれの状況《じょうきょう》に合った軽い話題から入っていくのがいいと思います。それこそ、日本に来た外国人と打ち解《と》けるには、じゃんけんが役に立つと思います。そういえば、司会の稲葉《いなば》さんは、よく「じゃんけんで国際《こくさい》交流を」と言ってますよね。

パ・マ：そうなんだ！（ユニゾンで）

マ：どういうことですか、ぜひ教えてください。

司会（稲葉）：僕が話してしまったら、鼎談《ていだん》ではなく、座談《ざだん》になってしまいますから、まずいですよ。

パ：少しだけなら、いいじゃないですか。

司会（稲葉）：わかりました。では少しだけ失礼します。僕は昔、「きみにもできる国際交流」（偕成社《かいせいしゃ》）という児童書のシリーズを書いたことがありました。全27巻《かん》を、35か国の学校や一般《いっぱん》の生活・文化を取材してつくりました。

取材の際《さい》、決まってやったのが、外国の小学校などで、説明抜《ぬ》きに子どもたちにグーチョキパーの手の形を見せること。さっきパックンがやったみたいにです。すると、日本と同じようなじゃんけんが普通《ふつう》に行われている国なら、相手の子どもたちも即座《そくざ》にグーチョキパーを真似《まね》するんです。そこから実際《じっさい》にじゃんけんをしながら、現地《げんち》の子どもたちと交流。手の形の意味、グーがチョキに勝って、パーに負けることなどを話したり、相手からも聞き出したりしながら取材に入り、写真を撮《と》らせてもらいました。25年以上前のことです。

渡邉先生は、僕がそのシリーズに書いたことを「じゃんけんで国際交流」っておっしゃってくださったのだと思います。

パ：そうなんだ。僕《ぼく》も日本の子どもたちと、Rock Paper Scissors をよくやります。

マ：違《ちが》うでしょ。Stone Scissors Paper だよね。

パ：僕は小さい頃《ころ》からRock Scissors Paper, Go!って言ってきたんだ。

マ：え、今度は、Rock Scissors Paper か。さっきは、Rock Paper Scissors と言ったよ。順番が違うよ。

司会（稲葉）：すみません。ここだけ座談《ざだん》ということで、発言させてください。

日本のじゃんけんは、石、はさみ、紙ですが、世界には、いろんなじゃんけんがあります。たとえば、同じ石でも、Stone が Rock になったり、紙は布《ぬの》になったり。掛《か》け声の順番が違う

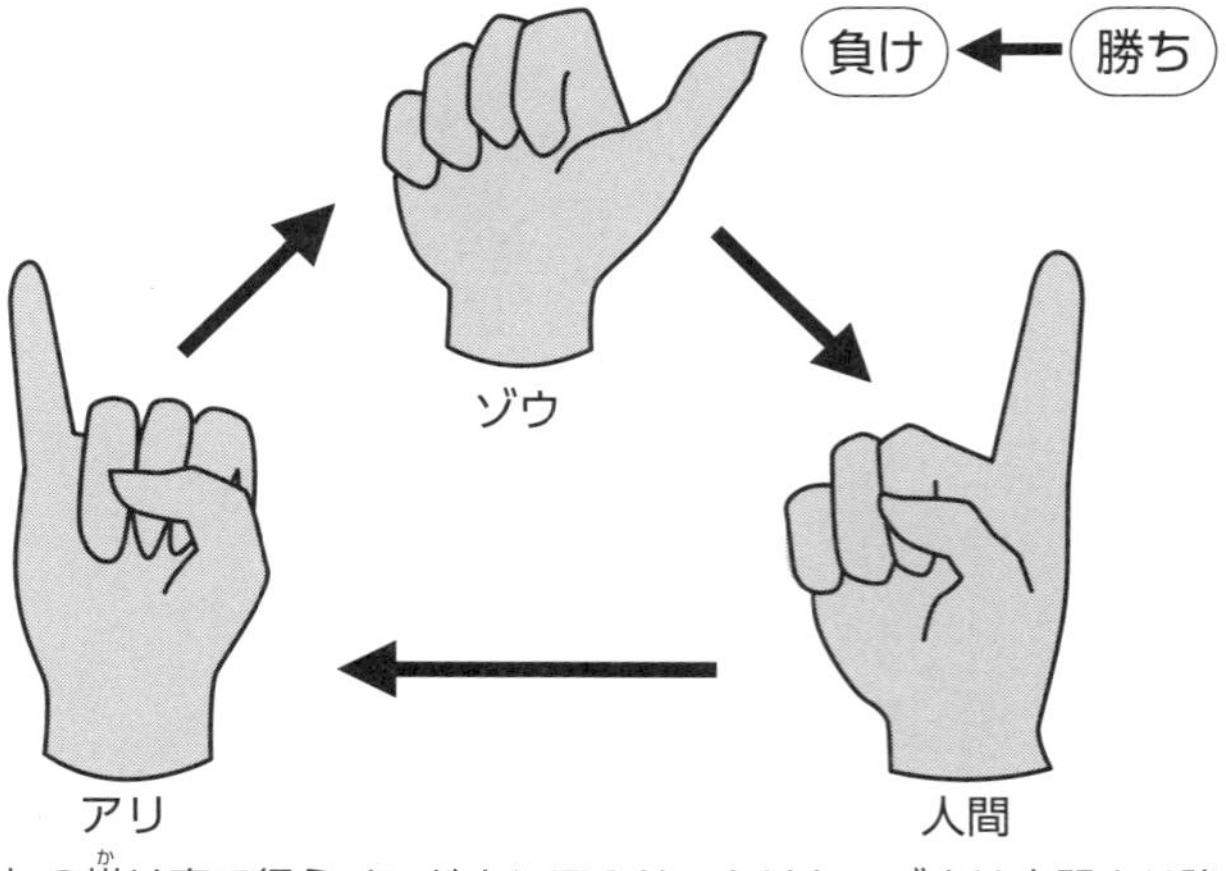

「Suit!」の掛《か》け声で行うインドネシアのじゃんけん。ゾウは人間より強く、人間はアリより強く、アリはゾウより強い。

こともあります。それどころか、じゃんけんに登場するものが、ゾウと人間とアリになっている国もあります。

渡邉：ミャンマーのじゃんけんは、鉄砲《てっぽう》とトラと上官で、手の形ではなく、体で表現《ひょうげん》するんですよね、稲葉さん！

司会（稲葉）：はい。僕は「形体《けいたい》じゃんけん」と呼《よ》んでいます。日本でも「＊狐拳《きつねけん》」など、体で表現するじゃんけん遊びが昔から行われてきました。

＊狐拳《きつねけん》：日本で生まれた鉄砲《てっぽう》・キツネ・庄屋の三すくみの形体じゃんけん。豊臣秀吉《とよとみひでよし》の朝鮮侵攻《ちょうせんしんこう》の際《さい》に考案《こうあん》されたという説がある。また狐拳は日本軍によって東南アジア各地に広まったと考えられており、その証拠に、ミャンマーにはキツネがトラ、庄屋が上官に変わっただけの形体じゃんけんが残っている。

ミャンマー式の形体じゃんけん。鉄砲《てっぽう》がトラに勝ち、トラは上官に勝ち、上官は鉄砲に勝つ。

パ：トラが出てきたりキツネが出てきたり、おもしろいですね。

　アメリカには、Rock（石）、Paper（紙）、Scissors（はさみ）に、さらにLizard（トカゲ）とSpock（スポック）というふたつを加えた、5つの手の形のじゃんけんがありますよ。「スポック」というのは、世界中で大ヒットしたアメリカのSFテレビドラマ『スター・トレック』の登場人物の名前です。劇中《げきちゅう》でスポックがあいさつするときに、この独特《どくとく》な手の形をすることが由来です。

司会（稲葉）：三者が登場し、お互《たが》いに牽制《けんせい》している状態《じょうたい》のことを「三すくみ」といいます。「五すくみ」は、五者が牽制し合うとい

アメリカの子どもたちが五すくみのじゃんけんをおこなう様子がテレビでも放送された。　出典：TBSテレビ『世界くらべてみたら』（2022年1月26日放送／稲葉が制作に協力）

うことです。パックンが教えてくれたものは、どれがどれに勝つのか、負けるのかが、わかりづらいですね。

そもそも「三すくみ」の由来は中国の昔の書物に出ている「蛙《かえる》と蛇《へび》と蛞蝓《なめくじ》」です（↓P58）。蛙は蛞蝓に勝つが、蛇に負ける。蛇は蛙に勝つけれど蛞蝓に負ける。蛞蝓は蛇に勝つけれど蛙に負ける。何ともわかるようでわかりませんね。

渡邉：そうですね。ミャンマーの形体じゃんけんだって、そうかも知れませんね。鉄砲《てっぽう》はトラに勝つけれど、上官に負けるんですよね。何かおもしろいけれど、深い！

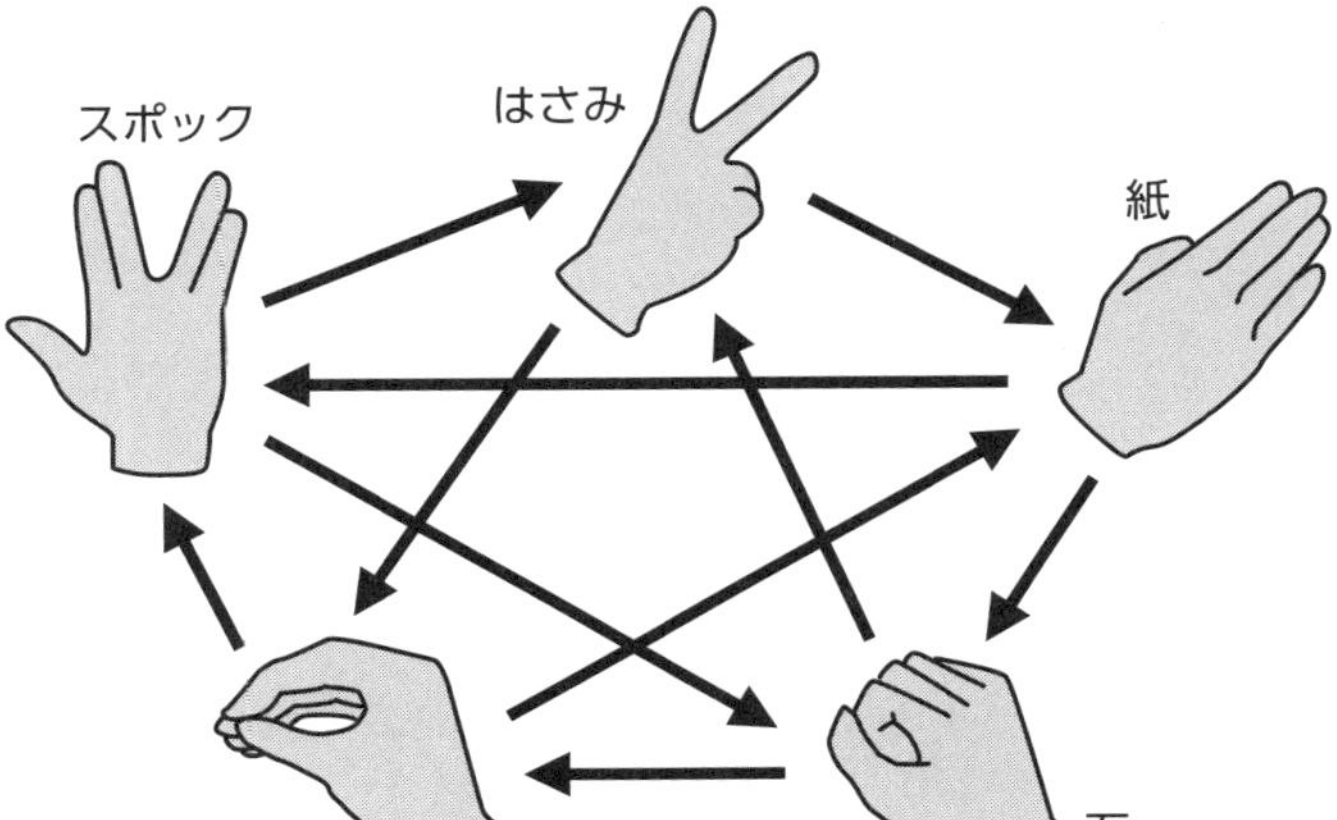

アメリカの五すくみのじゃんけん。たとえば、「トカゲ」は「紙」と「スポック」に勝ち、「はさみ」と「石」に負ける。

ワンポイント

じゃんけんのルーツ

平安時代、中国大陸から伝わった「虫拳《むしけん》*」と呼《よ》ばれる三すくみの遊びが日本で行われていた。ところが虫拳は、どの指が蛇《へび》でどの指が蛙《かえる》かなどが一見してわかりにくい。また、なぜ蛞蝓《なめくじ》が蛇に勝つのか、勝敗についてもわかりにくかった。

江戸時代になると、中国から伝わった「本拳《ほんけん》*（数拳《かずけん》）」という遊びも広まった。ふたりが向かい合ってそれぞれ片手《かたて》の指で数を示《しめ》すと同時に、ふたりが示した数の合計を予測《よそく》し、その数を言い合う。数の合計を言いあてた方が勝ちという、現在《げんざい》の「いっせい

虫拳《むしけん》の手の形

蛞蝓《なめくじ》：小指　蛙《かえる》：親指　蛇《へび》：人差し指

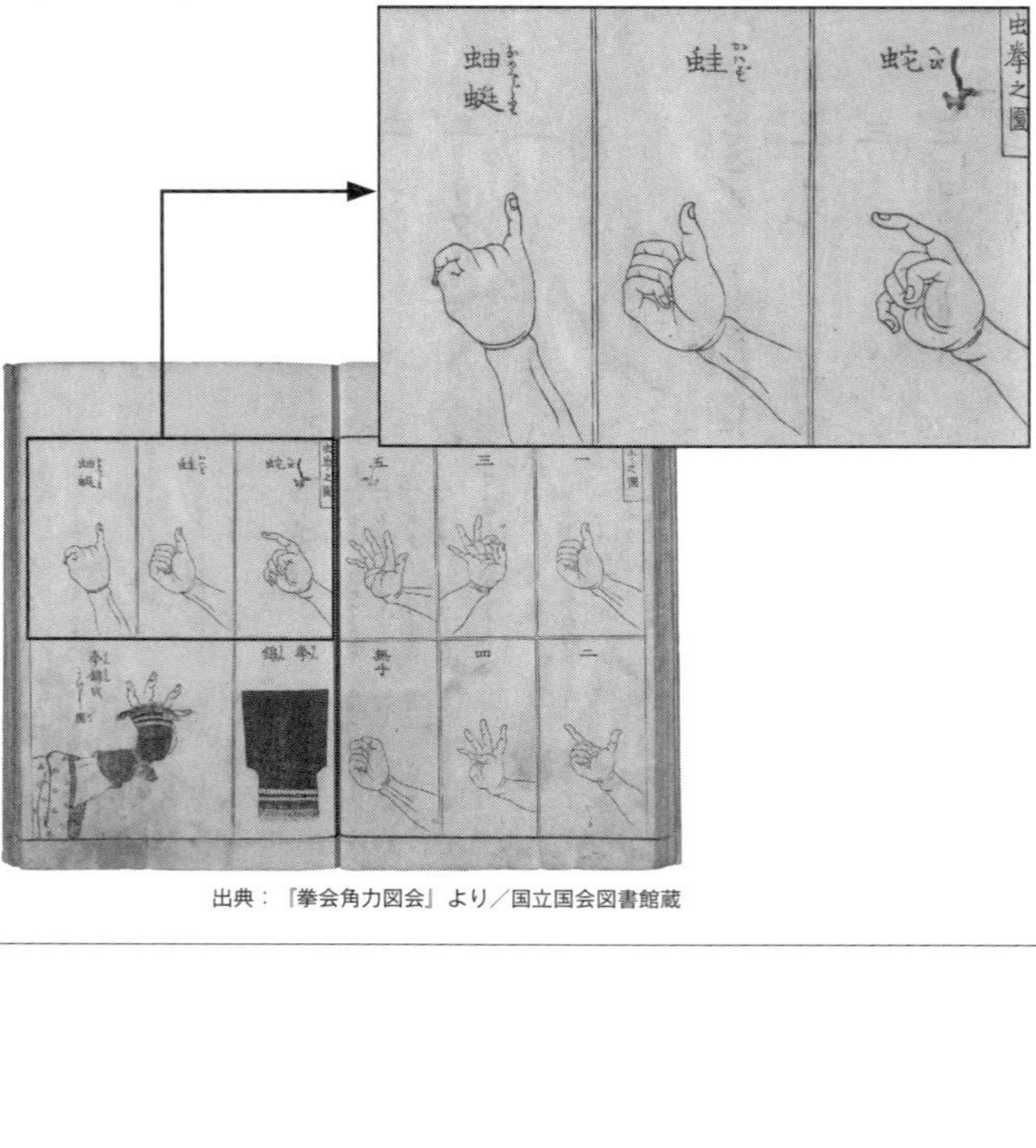

出典：『拳会角力図会』より／国立国会図書館蔵

のせ」のもととなった遊びだが、勝敗が決まるのに時間がかかるという面倒《めんどう》さがあった。

江戸時代中期から後期になると、本拳の無手《むて》を「石」、二を「はさみ」*、五を「紙」として、それらを三すくみにした「石拳《いしけん》」という遊びが考案《こうあん》された。これが、勝敗がわかりやすく、かつ面倒さがない現在《げんざい》のじゃんけんのもとになったと考えられている。

*虫拳《むしけん》、本拳《ほんけん》：ともに伝達した時期は不明。
*はさみ：もともと親指と人差し指で表されていたが、日本全国へ伝わるうちに、人差し指と中指が使われるようになった。

本拳《ほんけん》（数拳《かずけん》）の手の形と示《しめ》す数

0：にぎった手（無手《むて》）

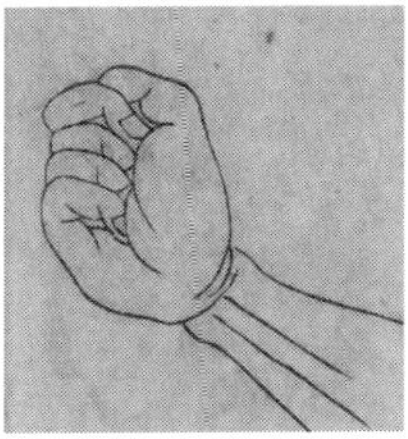

1：親指を立てる

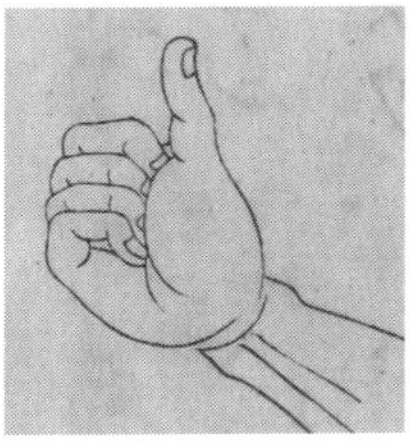

2：親指と人差し指

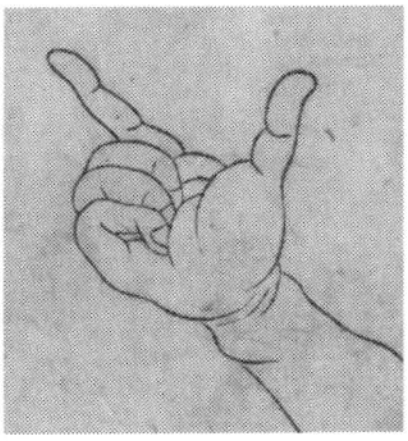

3：中指、薬指、小指

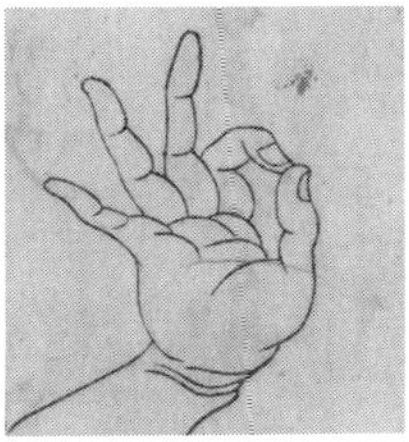

4：人指し指、中指、薬指、小指

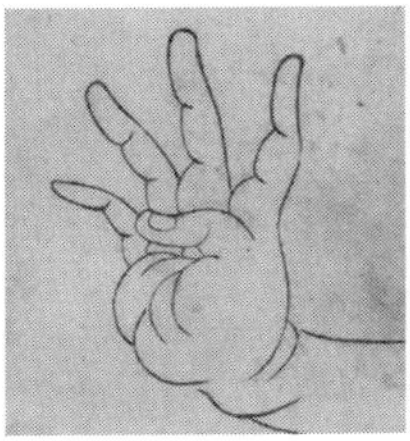

5：手を開く

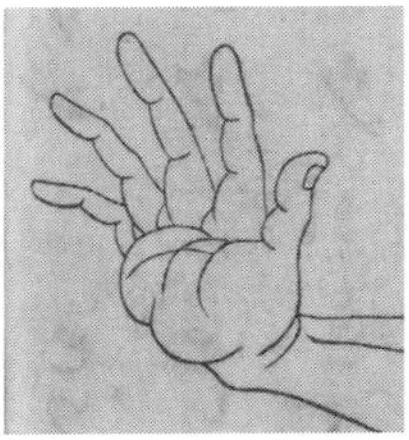

出典：『拳会角力図会』より／国立国会図書館蔵

参考：『じゃんけん必勝法』（今人舎）

■コミュニケーションのきっかけづくり

司会（稲葉）：そろそろ話を戻《もど》したいと思います。世界や日本のじゃんけんについては、読者のみなさんには資料《しりょう》を添付《てんぷ》することにします（↓P54・55・58・59）。パックンが教えてくれた五すくみのジャンケンも（↓P57）。

そもそも、どうしてじゃんけんの話になったかというと、日本で外国人と打ち解《と》けるためには、じゃんけんなどがよいきっかけになる、国際《こくさい》交流の第一歩になるという話でしたね、渡邉先生！

渡邉：はい。今のじゃんけんの座談会《ざだんかい》は、僕《ぼく》が外国人とのコミュニケーションのきっかけづくりには、その状況《じょうきょう》に合った軽い話題から入っていくのがいいと言ったことに始まりました。

外交官という仕事は、いろいろな人に会います。そのシチュエーションも実に多様です。そんななか、日本語も英語も通じない人と食事の席で話さなければならないとき、僕も、実際《じっさい》に日本のじゃんけんを紹介《しょうかい》したことがありました。

ほかにもいろいろな話題で場を和《なご》ませて、相手と打ち解けてきました。そうすることで、言葉での意思疎通《そつう》が不十分な部分を補《おぎな》ってきたのです。

料理や音楽など互《たが》いの文化の話は、軽い話題で相手とも打ち解けやすいものでした。パックンマックンのコントにもありましたが、そんな話をする際《さい》、相手に「通じればいい」を徹底《てってい》して、世界中の人たちとコミュニケーションをとってきたのが、外交官時代の僕でした。

司会：いいですね。実際の外交官のお話、いや、渡邉先生は、直近はキューバの首都、在《ざい》ハバナの日本大使館の大使でいらっしゃいました。あのフィデル・カストロ*に最後に会った日本人は、安倍晋三《あべしんぞう》総理《そうり》と渡邉大使でしたよね。まさかカストロとじゃんけんはしていないでしょうが、ぜひ、渡邉先生が、外国の人たちとどんなふうにして国際交流を展開《てんかい》されていたか、後ほどお話しいただきたいと思います。

＊フィデル・カストロ：キューバの革命家《かくめいか》。1953年、独裁政権《どくさいせいけん》への反乱《はんらん》に失敗してメキシコに亡命《ぼうめい》。1956年にキューバに再入国《さいにゅうこく》し、政権をたおして（キューバ革命）首相《しゅしょう》となった。その後長らく最高権力者《けんりょくしゃ》としてキューバを率《ひき》いた。

(2)『ドレミのうた』と文化の違《ちが》い

■「レモンのレ」じゃない!?

司会：次は、庶民的《しょみんてき》というか、子どもたちにも馴染《なじ》みがある音楽の話を。これも、パックンマックンが、子どもたちに披露《ひろう》したコントでしたね。

マ：みなさん、『ドレミのうた』って知ってますか？

パ：もちろん知ってるよね？

マ：『ドレミのうた』、僕《ぼく》、歌えるよ。

パ：じゃあマックン、歌ってよ。

マ：いいよ。

パ：(甲高《かんだか》い声で前奏《ぜんそう》を）タタタータータータータータータ一、はい！

マ：(同じように甲高い声で）ドーは、ドーナツーのードー！
前奏の音程《おんてい》、高いな、もうチョイ低く。

パ：(低い声で)　タタタータータータータータ―、はい！

マ：(低い声で)　ドーは、ドー……

いやいやいや、それじゃ低すぎだよ。真ん中くらいの音程でいいんじゃない？

タタタータータータータ―、はい！

(ふたり同時に歌い出す)

マ：ドーは、ドーナツーのドー。
パ：Doe, a deer, a female deer

マ：レーは、レモンのレー。
パ：Ray, a drop of golden sun

マ：ちょっと待て待て待て～。お前、副音声みたいになってないか？

お前、何て歌ってたの？

パ：Doe, a deer, a female deer!

マ：英語で歌ってたのね！　僕は、日本語で歌ってたからさ。

「ドーはドーナツーのードー。レーはレモンのレー」って。

パ：は？
マ：「は？」じゃないだろ！
パ：何それ、レモンのレーって？
マ：（客席に向かって）レモンのレだよね？
（会場の子どもたち、大きくうなずく）
パ：え?! なんで？
マ：なんでって、何？
パ：だって、ドレミのレは、アールとイー（Re）。
レモンのレは、エルとイー（Le）。
Re と Le は全然違《ちが》うでしょ。
マ：いや、ここでRとLの発音問題を出さなくていいから。
じゃあ、英語は、どんな歌詞《かし》なの？
パ：Doe, a deer, a female deer!
日本語にすると、「Doe は鹿《しか》、メスの鹿！」という意味。

Doeは、メスの鹿って意味の単語でしょう。
マ：そうなんだ！　えーすごいねぇ〜。でも、まずはお手本として日本語の『ドレミのうた』を歌おうか。
マ・パ：（前奏《ぜんそう》から）タタタータータータータータータタ、はい！
（ふたり同時に歌い出す）
マ：ドーは、ドーナツーのドー。
パ：ドーは、シーカ、メスのシカー。
マ：違うねえ！　今、何て歌ったんだ？　パックンは！
パ：ドーは、シーカ、メスのシカー！
マ：違うだろ、「ドーは、シーカ」なんて……。
ドの音と「シーカ」は合わないじゃない。
パ：いいじゃん。そんなの！
マ：合わなきゃだめでしょ……。
パ：て、いうか……。「英語で遊ぼう」でしょう、今日のテーマは。

マ：そうだね。じゃあ、パックン、英語の『ドレミのうた』の歌詞《かし》教えてよ。
パ：いいよ。じゃあ、英語の歌詞を教えます。まず、
Doe, a deer, a female deer!
(鹿の絵をみんなに見せる)
マ：みなさ～ん。Doe は「雌鹿《めじか》」っていう意味らしいですよ。
パ：はい、Doe は、そういう意味の単語なんです。
マ：でも、この絵は、ツッコミたいよね。
どう見てもこれ雄鹿《おじか》でしょう。ツノがあるんですよ。
(パックンが見せた絵はツノの生えた鹿《しか》)
パ：いや、本人に聞かなきゃわかんないよ。
マ：いやいやいや……。
まあ、そういうこともあるかもしれないけど、雄鹿だよ？
パ：この Doe（雌鹿）という単語、覚えてくださいね。
『ドレミのうた』を覚えると、知らなかった英単語が身につくね。

マ：なるほどね。
　Doe, a deer, a female deer ってのは、「ドーは、鹿でもメスの鹿」ってこと？
　じゃ、雄鹿は、何て言うの？

パ：stag だよ。

マ：ふーん。そうか、わかった。

パ：次にいくね。
　Ray, a drop of golden sun!
　Ray は「太陽の光」、drop は、「一滴《いってき》」という意味だよ。

マ：サングラスのブランドの Ray《レイ》-Ban《バン》 の Ray だね。

パ：そうそうそう。次は「ミ」。
　Me, a name I call myself!「Me は、自分自身を呼《よ》ぶときの言葉」。
　(と言いながら、若《わか》い頃《ころ》のパックンの写真を見せる)

マ：なんでお前は、わざわざ20代の頃の写真を用意したの？
　ダメでしょ。53歳《さい》なんだから。20代の頃の写真なんて、反則《はんそく》！

ずるいよ、パックンがそうなら、僕《ぼく》の若《わか》いときの写真も出してよ。

パ：はい。これ！

（マックンの写真を出す）

マ：なんで？　なんで僕の方はバカっぽい写真を使うの？

パ：次、行くよ。

Far, a long, long way to run!

マ：「遠く長い道を走る」、いいねえ。

パ：Sew, a needle pulling thread!

Needle は「針《はり》」、pulling thread は「糸を引っ張《ぱ》る」だから、裁縫《さいほう》のこと。

マ：ソーイングセットの Sew?

パ：そう！

マ：それダジャレかい？

でも、すごいね。Doe, Ray, Me, Far, Sew は、どれもひとつの単語で、ひとつの意味になっているんだね。

パ：めちゃくちゃ役に立つ歌でしょ。
マ：次の「ラ」は？
パ：La, a note to follow So! って言うんだよ。
意味は「ラはソの次」だよ。
マ：え？　なんでラだけ、「ラはソの次」って。
言わなくてもわかることを、なんでわざわざ歌にするんだよ〜〜？
パ：いいじゃん。覚えてよ〜。次ね。
Tea, a drink with jam and bread!
マ：何それ？
パ：「ティーは、ジャムとパンといっしょにいただくもの」っていうことだね。
マ：そんなの当たり前でしょ。
パ：That will bring us back to Do! Oh~Oh~Oh!
Do, Re, Mi, Fa, So, La, Ti, Do~!
みなさん覚えましたか。覚えた人〜？

（何人かが挙手《きょしゅ》）

マ：覚えたの？　すごいね～！

パ：まだ覚えられていない人いますか？
僕《ぼく》は、「ラーは、ソーの次ー」くらいしか覚えられないよ。
そんな人のために、覚えやすい「おばかバージョン」がありますよ。
それもお伝えしようかと思います。

マ：「おばかバージョン」なんて、失礼だろ……。

パ：（前奏《ぜんそう》をアカペラで）タタターターターターターター！
Do, a note to follow Ti, Re a note to follow Do…

マ：ドーは、シーの次ー、レーはドーの次ー……！
ほんとにばかにしてるぞ。でも、これなら僕でも覚えられるけどね。

パ：Doe, a deer, a female deer… いっしょに歌ってよ！

マ：お客様に向かって失礼ですが、歌ってあげてください。
ゆっくりいくよ。タタターターターターターター、はい。

（観客が英語の歌詞《かし》で『ドレミのうた』を大合唱）

パ：はい、拍手《はくしゅ》〜！

■「シ」の音がteaに聞こえる？

マ：日本語はドレミファソラシだけど、英語では、シはティ（ti）なんですね。それは、大袈裟《おおげさ》に言って文化の違《ちが》いですよね。

アメリカ人は、お寿司《すし》のことも「すティ」と言うんでしょうかね？

パ：マックン、お前、アホか！

マ：今、話していて思い出したんですが、少し前のこと。僕たちのコントをお子さんといっしょに見てくれたあるお母さんが、Do, Re, Mi, Fa, So, La, Ti, Doの音階の発音の「秘密《ひみつ》」がわかったと言って、大喜びで次のように言ってくださいました。そのお母さんは、映画《えいが》『サウンド・オブ・ミュージック』*が大好きだとおっしゃっていましたが、映画の主人公マリアが7人の子どもたちと『ドレミのうた』を歌うシーンで、「ラ、ティ、ティー」が、耳について離《はな》れなかったそうです。「アメリカ人は、

＊サウンド・オブ・ミュージック：1965年公開の世界的に大ヒットしたミュージカル映画《えいが》。オーストリアから亡命《ぼうめい》した先のアメリカで、家族で合唱団《がっしょうだん》をつくって有名になったトラップ大佐《たいさ》の実話をもとにしている。

ピアノのシの音がteaに聞こえるのかな?」くらいに思っていたらしいのです。長年、調べてみることをせず、犬の鳴き声が、「ワンワン」ではなく「バウワウ」って聞こえるのと同じ、くらいに考えていたのだと。

それが、僕たちのコントを聞いて、アメリカ人は、シがTeaと聞こえるのではないってことがわかったと喜んでいました。

パ：そうだね。そもそも、ドレミの音階は、1024年にイタリアの僧侶《そうりょ》(ギドー・ダレッツオ)が考え出したものなんだって。そのときには「Ut・Re・Mi・Fa・Sol・La」の6音だけで、Si(シ)は17世紀頃《ごろ》に加わったと言われているよ。

渡邉：因《ちな》みにUt(ウト)は、発音がしにくいため、これもずっと後になって、Do(ド)に

「聖《せい》ヨハネ賛歌《さんか》」の楽譜《がくふ》。ギドー・ダレッツオは、この歌をもとに階名(音の名前)を定めたと言われる。

変更《へんこう》されました。
その後Si（シ）も、英語では、発音しやすいTi（ティ）があてられたのです。「Ut・Re・Mi・Fa・Sol・La」の6音というのは、『聖《せい》ヨハネ讃歌《さんか》』のそれぞれ節の歌い出しの音が、一音ずつだんだんとあがっていることから、歌詞のはじまりの文字をとって「Ut・Re・Mi・Fa・Sol・La」とされたのだ言われています。

司会：パックンと渡邉先生との化学反応《はんのう》が起こるかもしれないと、僕《ぼく》は期待していたんですが、今の話は、まさにそんな感じに思えました。
でも、お話のレベルを少しやさしくしていきたいと思います。

渡邉：単語や発音について、ただ暗記するよりも、文化の相違《そうい》のなかで考えることが大切なんですね。先ほどのコントに出てきた鹿《しか》の呼《よ》び名はそのいい例です。日本人は、鹿といえばdeerと暗記しています。「親愛なる」の意味のdearと同じ発音だけれど、スペルが違《ちが》いますね。
小鹿《こじか》がBambiということを知っている人も少なくありません。でも、英語では鹿を表す単語は、ほかにもありますよね、パックン！

パ：雄鹿《おじか》が stag とかね。

渡邉：鹿《しか》を表す単語には、hind とか fawn とかもあるみたいですね。

パ：僕《ぼく》も実際《じっさい》に聞いたことないけど、赤鹿《あかしか》のメスが hind で、fawn は Bambi と同じだったかな。そうそう venison というのもありますよ。

渡邉：venison は、「鹿肉《しかにく》」の意味ですね。そうそう、英語は、動物の呼《よ》び方とは別に肉に対する単語がありますよね。たとえば、「牛」は cow や cattle と言いますが、「牛肉」になると呼び方が変わって beef や veal になります。

マ：「ビーフ」は知っているけれど、「ビール」なんて肉は知らなかった。

パ：「ビール」じゃないよ。お前、まだわかんないの。カタカナにするなら、「ヴィール」だよ。子牛の肉のこと。

渡邉：今のも、コントですか（笑）？

　肉を表す名詞《めいし》といえば、pork（豚肉《ぶたにく》）、chicken（鶏肉《とりにく》）、lamb（子羊の肉）、mutton（羊肉）などが、日本人にもよく知られていますね。

パ：でも、「馬肉」は horse meat、「猪肉《ししにく》」は boar meat、「熊肉《くまにく》」は bear meat としか

言えないんじゃないかな〜？
渡邉：僕も知りませんね。「カンガルー肉」も kangaroo meat でしょ。「ワニ肉」は crocodile meat, alligator meat、「すっぽん肉」は soft-shelled turtle meat で、別の単語を僕は知りません。なぜそうなっているのでしょうね？
パ：なぜかはわかりませんが、そうした文化に興味《きょうみ》を持つことで、僕も日本語を覚えるのがおもしろくなりましたよ。
渡邉：duck（鴨《かも》）、turkey（七面鳥）は、本体も肉も同じ呼び名ですよね。fish にも魚、魚肉の両方の意味があります。余計《よけい》なことですが、僕が中学1年生のときの英語の教科書に、Is this a fish or a dish? という文が載《の》っていて、fish の発音は後ろをあげて読み、dish はさげて読むって習いました。たしかテストにも出たと記憶《きおく》していま す。僕は、魚と皿を間違《まちが》えるわけないと感じていましたが。
マ：そう、そうなんですよ。僕は、そういうのが苦手で反抗《はんこう》していて、英語なんか勉強しないって、なってしまった気がします。
　ところで、渡邉先生！　日本語でも、動物と肉とが違《ちが》う名前のものがありますよね。「馬肉」を「桜《さくら》（肉）」と言ったり。

渡邉：そうですね。馬や鹿《しか》、猪《いのしし》などの肉は、「馬肉」「鹿肉《しかにく》」「猪肉《ししにく》」といった普通《ふつう》の呼《よ》び方のほかに別名がありますよね。

マ：鹿肉は「紅葉《もみじ》」、猪肉は「牡丹《ぼたん》」ですよ。

渡邉：それらの別名には、昔、日本で仏教《ぶっきょう》の教えのために獣肉食《じゅうにくしょく》が禁《きん》じられていたことも関係しているようですが、英語の場合、何か理由があるのでしょうか。

パ：マックン！　お前なんでそんなこと知ってんの？　群馬《ぐんま》出身だからだろ！

マ：群馬をバカにするな〜〜〜。「鶏肉《とりにく》」を「かしわ」と言うでしょ。とくに大阪《おおさか》などでね。パックン、宿題だ！　「ヴィール」のルーツを調べておいてもらいましょうか。ね、渡邉先生。

渡邉：それはいいですね。ぜひ、パックンに「ヴィール」の語源《ごげん》を。マックンには「ビール」のルーツをね。

司会：また出ましたね、「ビール」の発音の話。

閑話休題《かんわきゅうだい》。なんか英語学習のレベルとして、ずいぶん高いところに来ている気がしますが、こういうことに興味《きょうみ》を持つことが英語を学んでいくきっかけになることもある、と理解《りかい》してよろしいでしょうか。

渡邉：はい。僕《ぼく》が話を難《むずか》しい方向に向けてしまいましたか？　でも、難しい話ではありませんよ。

外国人と話をする際《さい》、羊はsheepで、その肉はmutton（マトン）やlamb（ラム）と言ったり、日本語でも鹿肉を「紅葉（肉）」と言ったりするでしょ。ちなみに羊肉をこよなく愛するスペインでは、生後1か月半くらいまでの子羊肉には「lechazo（レチャソ）」というさらに別の呼び方があって、特上品扱《あつか》いです。

そういうことを話題にすることで、相手の人と打ち解《と》け、コミュニケーションが進んでいくこともあるんだよって、申し上げたいのです。あくまでも、ひとつの例としてのお話ですが。

後ほどお話しするつもりですが、僕自身、こうした食文化や趣味《しゅみ》の話などが、外交の仕事でとても役立ちましたので。

(3)「ビール」が聞き取れないアメリカ人

■レストランで

司会：それではここで、先ほど『ドレミのうた』のコントのなかで、マックンが言った「いや、ここでRとLの発音問題を出さなくていいから」や、さっきの話に出てきたvealはカタカナにするなら「ビール」でなく「ヴィール」だ、などといった、発音に関わる話に移《うつ》ります。ここでもやはり、パックンマックンのコントから。

パ：僕《ぼく》が「これから英語を教えるよ」と言うと、みんな納得《なっとく》した顔をするんだけど、マックンを見て、どうしてここにいるんだ？ と思う人もいるよね。ところが、マックンは、大人になってから英語を勉強して、英語が喋《しゃべ》れるようになったすごい人なんだと紹介《しょうかい》すると、みんな僕よりもマックンを尊敬《そんけい》の眼差《まなざ》しで見るんですよ。

マ：すごかないけれど、実際《じっさい》に僕は30歳《さい》のときに一念発起《ほっき》して英語の勉強を始めて、なんとか喋れるようになりました。

そこで、その頃《ころ》に僕が通った英会話教室でやっていたような、あるシチュエーションでの話をコントにしましたので、見てください。じゃあ、レストランのシーン！

パ：マックンがレストランに入ってきて、注文した料理が出てくるまでを、全部英語でできたら拍手《はくしゅ》をしてくださ～い。

（マックンがアメリカのレストランに入ってくるお客様、パックンはそのレストランのウエイター役を演《えん》じる）

パ：さあ、マックンは、レストランに入ってくるところからやってー。

マ：（扉《とびら》が開く音）ウィーン！

パ：Hello! Welcome to Patrick's restaurant!　パックンのレストランへようこそ！

マ：Hello.　こんにちは。

パ：How many people are in your party?　何名様ですか？

マ：One.　ひとりです。

パ：Huh! Just one?　ハハ、たったおひとり？

マ：鼻で笑ったな？　ちょっとバカにされてる。

※このページから87ページまでの英語のセリフにつけた、小さな文字の日本語は、編集部《へんしゅうぶ》によるもの。実際《じっさい》のコントは英語のみで進む。

パ：This way please.　こちらへどうぞ。

Have a seat and call me when you're ready to order.

お決まりになりましたらお呼《よ》びください。

マ：Okay. Excuse me! May I have a menu?　はい。あ、ちょっと！　メニューください。

パ：A menu? Yes sir, here you go.　メニュー？　どうぞ。

Would you like to start with something to drink?　まず、何かお飲み物はいかがですか？

マ：Drink? Okay.　ああ飲み物ね。ええと。

パ：We have coffee, tea, **beer**, wine…　コーヒーに紅茶《こうちゃ》、ビール、ワイン……。

マ：**Beer!**　ビールで！

パ：What?　え？

マ：**Beer!**　ビール！

パ：What?　はい？

マ：**Beer!**　ビール！

パ：Pardon?　何ですって？

マ：**Beer!**　ビール！

パ：I'm sorry I don't understand.　すみません。わかりません。

マ：**Beer!!**　ビールだよ！

パ：Wine?　ワインですか？

（マックンがビールをグラスに注いで飲むジェスチャー）

パ：Hahaha. You're crazy! Would you like something to eat?　お食事はいかがします？

マ：Grilled salmon please.　サーモンソテーをください。

パ：Grilled salmon?　サーモンソテーですか？

I'm sorry, we do not have grilled salmon today, but we do have grilled tuna.

申し訳《わけ》ありません。本日、サーモンソテーは品切れです。tunaのソテーならあります。

マ：Tuna?　マグロのことだね。　Tuna?「マグロ」のことだね。

パ：Not mackerel, tuna.　「mackerel」じゃなくてtunaです。

マ：Maguro is tuna.　「maguro《マグロ》」はtunaでしょ。

パ：Mackerel and tuna are different fish!!　「mackerel」とtunaは別の魚！

マ：I have a dictionary. How do you spell maguro?　じゃあ辞書で。英語でmaguro《マグロ》のスペルは？

パ：M, A, C, K, E, R, E, L!

マ：Ah! You said mackerel, not maguro.　あ〜、maguroじゃなくてmackerelか！

mackerelはサバっていう意味なんだ！　発音が日本語の「マグロ」と似《に》てるね……。

Okay, I'm sorry, I made a mistake. Grilled tuna please.

ごめんなさい、僕《ぼく》が間違《まちが》っていました。じゃあマグロソテーをお願いします。

パ：Thank you very much. One moment!　ありがとうございます。少々お待ちください。

（ドアを出入りする音）

Excuse me sir, I'm sorry, the kitchen is closed.　すみません。厨房《ちゅうぼう》が終わってしまいました。

マ：Why?　なんで？

パ：It's past 9. Everyone is clearing up and going away. Have a nice day.

9時を過《す》ぎたので、片付《かたづ》けて閉店《へいてん》します。よい1日を！

マ：9時過ぎたからさようならって……。なんでオーダーストップさせるの？

パ：きみが時間かかるからだよ。きみには、レストランは無理。

■寿司《すし》バー

パ：違《ちが》うシチュエーションにしようか。
マ：何やるの？
パ：寿司レストラン。
マ：レストランじゃねーかよ！
パ：じゃあ、ニューヨークの寿司バーということで。
マ：入ってみるか。（戸が開く音）ガラガラガラ。
パ：へい、らっしゃい！
マ：日本語喋《しゃべ》ってる！　アメリカ人が三三七拍子《びょうし》で寿司を握《にぎ》ってるよ……。
　こんにちは。Can you speak Japanese?　日本語を話せるんですか？
パ：Yes! I can say 〝いらっしゃい！〟　もちろん！「いらっしゃい！」
マ：それしか喋れないの!?

Can I sit here?　この席いいですか？

パ：You want something to drink?　飲み物はどうします？

マ：Okay, **beer!**　そうね、ビールで。

パ：Huh?　え？

マ：また通じねえ！　こいつ。

Beer!　ビール！

パ：What?　はい？

マ：**Beer!**　ビール！

パ：Pardon?　何ですって？

マ：Okay, what kind of alcohol do you have?　どんなお酒がありますか？

パ：We have sake, wine, **beer**...　日本酒にワインにビール……。

マ：それ！　今言ったやつ！　それ！

What did you say, "sake, wine" and...?　日本酒にワインに……、で次に何て言った？

パ：**Beer!** Oh, you want **beer!** Okay.　ビール！　ビールですね！　オーケー！

マ：What kind of **beer** do you have?　ビールの銘柄《めいがら》は何がありますか？
パ：What kind of... WHAT?　何の銘柄ですって？
マ：おかしいだろ…なんでビールだけこんなに通じないの……。
For example, Sapporo, Asahi, Kirin...　たとえば、サッポロとかアサヒ、キリン……。
パ：Ohh... What kind of **beer!** Sapporo, Asahi, Kirin...
あー、ビールの銘柄ね！　サッポロにアサヒ、キリンがあります。
マ：Okay, Sapporo **beer** please.　じゃあ、サッポロビールください。
パ：Sapporo WHAT?　サッポロ……何ですって？
マ：なんで **beer** だけ聞き取れないの。
サッポロといえば **beer** だろ。
パ：No, no, you say Sapporo ramen.　サッポロラーメンもあるよ。
マ：なんで日本語わかってんだよ。日本語通じてる？
パ：Yeah.　はい。
マ：Yeah って言ってんじゃねえか。Okay, Sapporo please.　サッポロください。

パ：Sorry we don't have ramen.　すみません。ラーメンはありません。

マ：ラーメンじゃなくて **beer** だよ！　**beer!**

パ：Huh?　え？

マ：**Beer!**　ビール！

パ：What?　はい？

マ：**Beer!**　ビール！

パ：Pardon?　何ですって？

マ：……Tea.　……お茶で。

パ：Okay.　かしこまりました。

マ：お茶しか飲めねえじゃねえかよ。

パ：Would you like some sushi?　何を握《にぎ》りましょう？

マ：Yes!　Tuna, and mackerel!　tuna と mackerel で。

パ：Okay, two tuna.　マグロ２貫《かん》ですね。

マ：いや、マグロじゃなくて mackerel!

パ：Okay, three tuna.　はい、マグロ３貫。
マ：Mackerel!　Mackerel!
パ：Okay, four tuna.　マグロ４貫ですね。
マ：もういいよ、four tuna で。　もういいよ、マグロ４貫で。
パ：Okay, eight tuna.　はい、マグロ８貫ね。
マ：足しちゃだめ！　そんなに食えないよ。もういい。
お茶代だけ出して帰る。How much?　いくらですか？
パ：Okay, one Hamachi.　ハマチ１貫ね。
マ：ハマチなんて言ってねえよ。いくら？　って、聞いてるの。
パ：Okay, one Ikura.　オーケー、イクラも１貫。
マ：イクラいらない！　会計！
パ：Okay, hotate, aka-gai…　ホタテに赤貝……。
マ：それは、貝類（カイルイ）！　貝系（カイケイ）とは言わないの！
きみ、なんでそんなに日本語詳《くわ》しいんだよ。

Stop! Stop! 会計って、英語で何だっけ？

そうだ。

Excuse me, bill please.

お会計 bill お願いします。

パ：Okay, one **beer**. はい、ビール beer ひとつね。

マ：なんでビールが来るんだよ。なんで **beer** が通じなくて、bill で通じるんだ。

この大将《たいしょう》の英語の方がめちゃくちゃじゃないか。

パ：みなさん、気づきました？ 今、注文したものが出たぞ。

マックンの英語を認《みと》める人は拍手《はくしゅ》！

（客席から拍手）

全身を使ったパックンマックンのコントに、会場は大いに盛《も》り上がった。

第三章

僕《ぼく》が喋《しゃべ》れるようになった いくつかの理由

ここでは、マックンさんと渡邉優《わたなべまさる》先生、パックンさんがそれぞれ、英語と日本語という、ご自身にとっての外国語を「喋《しゃべ》れる」ようになるまでの、さまざまな経験《けいけん》や気づき、「なるほど！」と思ったことなどを紹介《しょうかい》します。パックンさんが学んだのは日本語ですが、外国語学習という意味で、英語を学ぶ日本のみなさんに役立つことがあるはずです。

(1) 30歳《さい》で英会話を習い始めたマックン

■理由（1）「喋《しゃべ》れる」という自己暗示《じこあんじ》

司会：まずはじめに、マックンに経験《けいけん》をお話しいただきたいと思いますが、その前に、「子ども大学くにたち」で、パックンマックンが子どもや保護者《ほごしゃ》のみなさんにお話しされていた内容《ないよう》を振《ふ》り返ってみます。

パ：マックンは30歳《さい》くらいのとき、英会話教室に1年半通ったんです。僕《ぼく》はその頃《ころ》のマックンをそばで見ていて、3か月くらいたったときから一気に様子が変わったのに気づいたんです。

マ：僕は中学生くらいからずっと英語が大嫌《だいきら》いだったんですよ。みんなも大きくなったら高校受験をすると思うんだけれど、僕は、その高校入試の英語のテストがゼロ点だったの。嘘《うそ》じゃないよ。だから、志望《しぼう》していた高校に入れなかったの。その後、そのことがトラウマで、高校時代も当然、英語が苦手。悔《くや》しい思いもあったけれど、それからずっと英語はコンプレックス状態《じょうたい》だったし、それはパックンと出会ってコンビを結成してからも、同じだったんです。

ところが、30歳のときに一念発起《ほっき》。英会話教室に通い始めたんです。2か月、3か月と経過《けいか》した頃、がらっと気持ちが切り替《か》わって、「俺、英語を喋《しゃべ》れるんだ」と思うようになったんです。突然《とつぜん》でした。

パ：頭のなかも心のなかも「喋れる人」の気持ちに切り替わったんだよね。

マ：スイッチが入ったというか、不思議な気持ちになりました。

パ：今日は、そのスイッチの入れ方をみなさんに伝えたいと思います。

パックンさんとコンビを組んでからも、しばらくは英語が苦手だったというマックンさん。ところが今では、英語でコントをするまでに！

じゃあ、ここで質問《しつもん》するよ。英語を喋《しゃべ》れる人？
パ・マ：（ちらほら手があがる）
英語を喋れない人？
（半分以上の手があがる）
マ：いつもの会場より、ここは「喋れる人」が多いようだ〜。みなさん、優秀《ゆうしゅう》ですね。
パ：優秀というか、わかってないんじゃないの〜？
マ：こら、そんなこと言っちゃダメ。
パ：いや、冗談《じょうだん》。本当に優秀だと思ってます。
マ：（パックンが、「喋れない人」に挙手《きょしゅ》したひとりのお父さんに近づき、質問）
今からお父さんに英語で質問しますよ。
みんなも頭のなかで、パックンの質問に答えてみてね。
パ：What's your name?
（お父さんは間髪《かんぱつ》入れずMy name is ◯◯◯. と英語で返答）
パ：今度は、講演会《こうえんかい》で必ずすること。

「私のお父さんは銀行で働いています」を英語にしてください。
（お父さんはMy dad works in the bank. と回答）
パ：100点！　拍手《はくしゅ》！
My father works at a bank. とも言うかな。
マ：お父さん、英語できるじゃない！
パ：でも、おかしくないですか？　さっき質問したときには、お父さんは英語を喋れないって方に手をあげてたでしょ。
マ：みなさんの頭のなかには、ものすごい数の英単語が入っていますよね。
パ：じゃあ、試してみますよ。「食べる」は、英語で？
（会場中から「Eat!」の声）
パ：「走る」は？　（会場：Run!）
パ：「手」は？　（会場：Hand!）
マ：「腕時計《うでどけい》」は？　（会場：Watch!）
マ：「台所」は？　（会場：Kitchen!）

パ：何でも言えるじゃないですか。

じゃあ、今言った単語をドイツ語で言ってください。フランス語で、スワヒリ語で、ウルドゥー語で。

マ：ウルドゥー語？　何？

パ：インドやパキスタンで話されている言語だよ。非常《ひじょう》にたくさんの人が話しているよ。でも、今言った英語以外の言語では、何も言えない人が多いよね。ウルドゥー語は、どの講演会《こうえんかい》で聞いても、ゼロ！　そういう言語なら「喋《しゃべ》れない」って言ってもいいと思う。

マ：でも、英語は「喋れるか、喋れないか」と問われたら、みなさんは「喋れる」って言ってもいいってことなんだよ。

パ：では、会場のみなさん、英語は喋れますか？

（会場：「はい、喋れます」と唱和）

パ：Do you speak English?

（会場：Yes!）

パ・マ：拍手《はくしゅ》！　ありがとうございました。

マ：「子ども大学」で話したように、僕《ぼく》が英会話を習い始めて3か月くらいした頃《ころ》の様子は、ちょうどそんな感覚だったんです。「まあ、喋れるかな」って。

だから、僕が英語を喋れるようになったいちばんの理由は、自分は英語を喋れるんだと自己暗示《じこあんじ》をかけたことだと思っています。

司会：「いちばんの理由」とくれば、2番、3番と続くのでしょうか。よろしければ、はじめにお願いした通り、マックンにご自身の経験をまとめてお話しいただければと思います。

マ：はい、僕の話が、読者のみなさんにとって、どれほど参考になるかわかりませんが、かんたんに紹介《しょうかい》させていただきます。

■理由（2）完璧主義《かんぺきしゅぎ》をやめた

マ：僕が英語を喋れるようになった2番目の理由は、「完璧主義」をやめたからです。

「子ども大学」で話したMy father works at a bank. の三単現《さんたんげん》のsとか、前置詞《ぜんちし》がatかinかということは、ひとまず話すうえでは気にしないでいい、と割《わ》り切ったということです。

■理由（3）発音は正確《せいかく》に

でも、発音だけは、極力ネイティブ（native）の真似《まね》をするように心がけました。これが、3番目の理由です。文法の間違《まちが》いは、話の流れからくみ取ってもらえるから問題ないけれど、発音を間違えると聞き取ってもらえませんし、とんでもない間違いも起こるからです。

「マイ　マザー　ライク　イート　ライス」と言えば、「僕《ぼく》のお母さんは、お米を食べるのが好き」というように理解《りかい》してもらえるでしょう。likesのsがなくても、不定詞《ふていし》のtoが抜《ぬ》けても、おそらく通じます。でも、ライスの発音が、riceと聞こえずに、liceと聞こえてしまったら、大変！　お母さんは、シラミを食べるのが好き、ってことになっちゃう。僕は、右、左、右、左の訓練、すなわち、right, left, right, left, right, left みたいな、発音の違《ちが》いを覚える訓練《くんれん》を、嫌《いや》というほどやっていました。

▩理由（4）ジェスチャーで伝える！

発音ができるようになったら、英語のフレーズにジェスチャーをつけて練習しました。英語を「聞く・話す」はみんなやっていると思うけれど、ジェスチャーの練習までする人はあんまりいないんじゃないかな。どうやるかというと、たとえば、I can't believe it! と言うときは、両手を顔にあてて、口を大きく開けて、すごく驚《おどろ》いた表情《ひょうじょう》をつくる。もし練習しているところをだれかに見られたら、やばい人だと思われそうですけど……でも、そうやって習得したフレーズは、なぜか忘《わす》れないんです。「体で覚える」って言葉がよくありますけど、まさにそんな感じで、ジェスチャーをすると、自然とフレーズが口から出てくるようになるんですよ。

それに、身振《みぶ》り手振《てぶ》りをつけることで、英語が上手じゃなくても、雰囲気《ふんいき》が相手に伝わりますからね。わかりやすくリアクションすることで、会話の流れも自然になったと思います。

■理由（5）大声で話す

人って自信がないとき、声が小さくなるんです。学校の授業《じゅぎょう》で先生にあてられたり、会社の会議で「どう思う？」って聞かれたりしたとき、自信がないとモニョモニョ小さい声で答えちゃうでしょ。

僕《ぼく》は、英語を話すときは、できるだけ大きな声で話すようにしました。声が小さくなるところは、発音や文法がよくわかってないってことだから、確認《かくにん》し直したり、何度も練習したりすればいい。我《われ》ながらいい練習方法だと思います。大きな声で間《ま》違《ちが》えると、はじめはちょっと恥《は》ずかしいけど、英会話の先生やパックンに「間違えてるよ」って指摘《してき》してもらいやすくなって、上達も早くなりました。

■理由（6）恥《はじ》は捨《す》てる！

こうしてまとめて考えてみると、とにかく「間違えたら恥ずかしい」っていう気持ちを捨てるのが、いちばんの英語の上達の近道。

僕はお笑い芸人だから、おかしなことをしたり、それで人を笑わせたりするのには慣《な》れているつもりだったけど、笑わせるのと笑われるのは違うし、一生懸命《けんめい》やっているのにバカにされると、はじめはやっぱり、すごく悔《くや》しかったです。

だけど「ダメもとで言ってみよう」って思い始めてからは、通じたらラッキー！と思うようになりました。それに、人と話すときに大事なのは、言葉に間違いがないかどうか、ではなくて、何を話すかでしょ。言いたかったことが伝わって、さらに新しい単語を教えてもらえたり、間違いを指摘してもらえたりしたら、もっとラッキー！　また一歩成長したなあって。

こうやって練習していくうちに、気づいたら英語で漫才《まんざい》ができるくらいには、話せるようになりました。実は、ラスベガスで漫才をする直前、パックンが会場のお客さんの雰囲気《ふんいき》を見て「ここはフレーズを変えてみよう」って言い出したんです。本番でもアドリブを入れたりしてきて。

最初はとにかく間違えないように必死！　でも、やっているうちに僕もなんだかノリノリになってきて、結果、僕《ぼく》たちの漫才《まんざい》は大成功！

ここだけの話、ラスベガスで漫才をすることが決まったとき、「セリフを丸覚えしちゃえばいいや」って思ってたんです。でも、英語を話せるようになったことで、お客さんに漫才《まんざい》のライブ感を楽しんでもらえて、僕《ぼく》もすごくうれしかったです。自信もついたしね。

最後に、今英語を勉強している人は、「話せないから恥《は》ずかしい」じゃなくて、「頑《がん》張《ば》って英語を勉強している自分、かっこいい！」って、自信を持ってほしいと思います。僕の話はここまでです。聞いてくださりありがとうございました。

左上：「素晴《すば》らしいラスベガスへようこそ」と書かれた有名な看板《かんばん》「ラスベガスサイン」の前で。
右上：英語漫才《まんざい》中のパックンマックン。
下：サンタモニカ*の街なかで、漫才を披露《ひろう》するパックンマックン。

＊サンタモニカ：ラスベガスがあるネバダ州の隣《となり》、カリフォルニア州の都市。アメリカ西海岸に位置する。

(2) 僕《ぼく》はこうして日本語が上手《じょうず》になりました！

（パックンの場合）

司会：パックンは、ハーバード大学を1993年に卒業した後、当時日本に就職《しゅうしょく》していた中学時代の友人に誘《さそ》われて来日なさったとお聞きしています。まもなく、英会話の先生として福井《ふくい》県で生活を始められました。アメリカでは、映画《えいが》などの影響《えいきょう》を受けていたため、日本にはまだサムライ文化が残っていると思っていたそうですね。ところが、現代《げんだい》の日本は「意外と普通《ふつう》」だと思ったとか。

では、そのあたりから、パックンご自身の言葉でお話しくださいますか。

パ：はい、わかりました。

「意外と普通」の「普通」の意味は、自分と同じということ。僕《ぼく》は、そう気づいてからは、日本語を猛《もう》スピードでどんどん学んでいきました。

まわりの日本人とも深く付き合えるようになりました。そうすることで、アメリカ人と日本人との違《ちが》いや、それぞれのよさを理解《りかい》するようになっていきました。
司会：日本人について、当時どんなことに気がつかれたのですか。
パ：日本人って、自分たちのことをシャイな国民だと思っているようですが、決してそうじゃない。
　居酒屋《いざかや》は、どこも笑い声が絶《た》えない。知らない人同士でも盛《も》り上がる。硬《かた》い会議などでも、僕がジョークを言えば笑顔を見せてくれる、明るく優《やさ》しい国民だと、僕は感じていました。
司会：パックンは、1996年に上京。お笑い芸人としてデビューしますよね。

福井《ふくい》県の英会話教室時代、クリスマスパーティでのパックン（左から2人目、ギターを弾《ひ》く）。この頃《ころ》はまだ「パトリック・ハーラン」本名だった。

そして、テレビでは英会話番組で活躍《かつやく》し、情報《じょうほう》番組のコメンテーター、大学の講《こう》師《し》などと、多彩《たさい》なキャリアを築《きず》いていきます。その頃《ころ》、日本人とコミュニケーションをとるうえで、何か困《こま》ったことなどはありませんでしたか。

パ：順調なことばかりではありませんでした。本業のお笑いでは、日本人は何をおもしろいと思うのかがわからなかったんです。

■ひとつ目の「こうして」

パ：その頃僕《ぼく》はマックンといっしょに、歴史、習慣《しゅうかん》、流行な

コンビを結成してまもない1997年、宣伝用《せんでんよう》に撮影《さつえい》した写真。

どさまざまな文化についてのネタをつくって、漫才《まんざい》をやっていたんですが、実は僕は、日本人に何がウケるか、ウケないのかが、さっぱりわかっていなかったんです。先輩《せんぱい》の漫才を見て、「どうして今のでお客さんが笑ってるの？」と、しょっちゅうマックンを質問《しつもん》攻《ぜ》めにしました。

でも、そうこうしているうちに、日本のお笑いも理論的《りろんてき》にわかり始めました。日本の笑いが少しずつ理解《りかい》できてきたのです。マックンは、本当によく付き合ってくれましたよ。感謝《かんしゃ》しています。

でも、そのかわりに、僕だってマックンの英語上達のために最大限《さいだいげん》のお付き合いをしたと自負しています。

司会：そうなんですね。それではここで、先にマックンにまとめていただいたように、パックンにもお話しいただきたいと思います。

第三章のタイトルを「僕が喋《しゃべ》れるようになったいくつかの理由」としたのは、パックンに「日本語を喋れるようになったいくつかの理由」をお聞きすることが、日本人の読者にとって「英語を喋れるようになる」ヒントになると思ったからです。パックン、そういう意図があってのお願いですが、どうぞよろしくお願いします。

パ：日本人は「英語を喋《しゃべ》れるのに喋れない」と思っているわけですが、アメリカ人はというと、「日本語を喋れるのに喋れない」って思っている人はあまりいません。喋れる人はどんどん喋るし、喋れない人は本当に喋れないいんです。

日本語を喋りたいと思っているアメリカ人の多くは、日本人より一生懸命《けんめい》努力するんです。なぜなら、アメリカの学校では、日本のように多くの時間をかけて子どもたちに外国語を教えることはありませんから。つまり、僕《ぼく》が日本語を喋れるようになった最大の理由は、ひとことで言って「努力」なんです。すなわち「努力して、日本語を喋れるようになった」！

■ふたつ目の「こうして」

ふたつ目の「こうして」は、マックンが言っていたことと同じで、「こだわりすぎない」です。文法も、「あっ、そうなんだ」と思うようにして日本語を習得してきました。

司会：はい。よくわかります。でも、パックンが日本語を学習するうえで、こだわりすぎないようにしたというのは、たとえばどんなことでしたか？

パ：僕も日本語を勉強したての頃《ころ》は、よく細かいことにこだわっていたんですよ。たとえば、イントネーション。具体的に言うと「高校」と「孝行《こうこう》」って、同じ読みでもイントネーションが違《ちが》うでしょ。それを几帳面《きちょうめん》に、正しいイントネーションで話そうとしていたんです。でも、なかなかうまくいきません。

ところが、それが大きな失敗だと、あるとき気づいたんです。間違《まちが》っていたって、前後のやり取りや環境《かんきょう》から、相手の日本人は理解《りかい》してくれると思うようになったんです。今だって、僕の日本語はイントネーションがおかしいところがあるでしょ。でも、みなさん理解してくれていますよね。

第一、イントネーションは、なぜそうなるのか、日本人に聞いてもだれもその理由を説明できません。雨と飴《あめ》、箸《はし》と橋などは、関東と関西でイントネーションが真《ま》逆《ぎゃく》なんでしょ。なんで!?

司会：おっしゃりたいこと、僕はよくわかりますよ。そんなことにこだわっていては、日本語学習が遅延《ちえん》しちゃうって、ことですよね。
パ：それから、漢字の書き順ってのも、僕《ぼく》の日本語学習にとっては大いなる障壁《しょうへき》でした。どうでもいいじゃんって思っていたけど、間違《まちが》えると怒《おこ》られちゃうのは、やっぱり嫌《いや》でしたね。

■3つ目の「こうして」

司会：パックンの日本語学習における「こうして喋《しゃべ》れるようになった」という経験《けいけん》が、日本人の英語学習にも役立ちそうですね。その観点から、パックンのお考えをどんどん教えていただけませんか。
パ：では、僕だけでなくて多くの外国人が、日本語を覚えるときに必ず引っかかることを紹介《しょうかい》しますね。
「きれい」「嫌《きら》い」「つまらない」という言葉を習って、それを否定形《ひていけい》にするときの問題です。形容詞《けいようし》は「美しい」のように、最後が「〜い」で終わる言葉だと教わるでしょう。でも、「きれい」「嫌い」「つまらない」などは、最後が「い」になるのに、形容詞ではありませんよね。それで、外国人は変な言葉を言ってしまうんですよ。
僕なんか最初、「わさび、嫌い？」と聞かれて、「嫌くない」なんて言ってました。「この会議、つまらない？」と聞かれたときには、「ううん、つまるよ」って。また、「くだらない？」「いや、くだるよ」って。「めっちゃくだってる！」なんて言ったりして。ネタじゃないけれど、ネタみたいでしょ。

▓4つ目の「こうして」

司会：ほかに、何かわかりやすい例はありますか？

パ：言語には例外がつきものだということを受け入れるようにしています。
　実は、英語は日本語より例外が3000倍、5000倍多いらしいんです。数千倍というのは、言葉のアヤですがね。
・woman（女性《じょせい》）はウーマンと読み、複数形《ふくすうけい》になるとaがeになってwomenと書きますが、読みが「ウーメン」ではなく「ウィミン」になる。「o」の部分は変わらないのに、なんで「o」が「i」の発音になるの？　日本人が怒ってもおかしくないと思います。
・horse（馬）の複数形《ふくすうけい》はhorsesなのに、deer（鹿《しか》）は複数形でもdeerです。「馬鹿《ばか》」にしてませんか？
・「駅に行く」はgo to the stationなのに「家に帰る」はgo homeと言う。toはどこに行ったんだ！
・interested in と似《に》た意味の言葉で、excited aboutと言う。なんで前置詞《ぜんちし》が違《ちが》うの？
　僕《ぼく》は英語の先生をしていたとき、生徒にそれを聞かれたら、「聞くな！」と答えていました。「素直《すなお》に暗記しろ！」と。入試で必要だからね。もしくは、「大学で自分の研究のテーマにしなさい」と。

　でも、くだらないことを考えるな、と言いた

女性《じょせい》	単数形：woman（ウーマン）	→ 複数形《ふくすうけい》：women（ウィミン）
馬	単数形：horse（ホース）	→ 複数形：horses（ホースィズ）
鹿《しか》	単数形：deer（ディーア）	→ 複数形：deer（ディーア）
駅に行く	go to the station	
家に帰る	go home ← to the がない?!	
興味《きょうみ》をもって	interested in〜	
興奮《こうふん》して	excited about〜	

in と about、なぜ違《ちが》う?!

いわけではなくて、「喋《しゃべ》りたいんだったら、素直になりなさい」と言いたかったんです。だから、実際《じっさい》には「聞くな」なんて言ってませんよ。一生懸命《けんめい》に説明《せつめい》しました。いい先生でしょ？　その分、今、コントのネタにしていますけれど……。

司会：こういうの、「Why Japanese people?」って、怒鳴《どな》られそうですね、あの芸人さんに。

パ：あのアメリカ人の方ですね。わかります。

日本語を勉強している人たちへ「わけのわからない日本語を覚えようとするあなたは、かっこいいよ」って、言ってあげたいですね。僕は、日本語習得のために苦労している自分を好きになるようにしていました！

僕が日本語を話すようになってから30年近くがたちますが、それでも、日本語をしょっちゅう間違《まちが》えます。しょうがないです。外国語ですから。

それでも喋ろうとしている自分は、かっこいいんだと思っています。居直《いなお》りの境《きょう》地《ち》です。

自分を褒《ほ》めるようにする。そうすると、「喋れるからどんどん喋ろう」と切り替《か》えることができるんです。

僕《ぼく》は「こうして日本語が上手《じょうず》になった」という話です。

5つ目の「こうして」

パ：もうひとつ、言いたいことがあるのですが。長くなってすみません。

司会：どんどんパックンの考えをお話しください。

パ：日本人は、総《そう》じて引っ込《こ》み思案《じあん》というか、人前で話すのが苦手という傾向《けいこう》がありますよね。英語を話すとなると尚更《なおさら》です。でも、それは日本人のもつ一般的《いっぱんてき》な性格《せいかく》なんです。逆《ぎゃく》に、アメリカ人にはアメリカ人らしい性格があるように僕は考えています。それは、こういう話から理解《りかい》してもらえないかと願っています。

実は、僕も日本語で喋《しゃべ》るときと英語で喋るときでは、微妙《びみょう》に性格が違《ちが》ってきます。それがどこからくるのかな？　と考えてみると、日本語には敬語《けいご》がたくさんあります。しかも、尊敬語《そんけいご》もあれば謙譲語《けんじょうご》もあり、単に丁寧語《ていねいご》というのもあります。目上・目下といった立場を意識《いしき》しながら喋らないと、正しい日本語にはなりません。

ところが、英語には文法的には敬語というのはありません。だから、アメリカ人は自然にカジュアルな喋り方になるのではないか、引いて言うと、それがアメリカ人の性格になっているのではないか、と僕は考えています。

ということで、僕は、英語を話すとカジュアルな性格になるんですね。

英語にもCould you? とか、Would you? などという表現《ひょうげん》があるのではないかとおっしゃる人がいますが、僕に言わせれば、そういう言葉を使って何かを丁寧《ていねい》にお願いする場面なんて、アメリカの普通《ふつう》の生活ではほとんどありません。

英語と日本語の違《ちが》いが、アメリカ人らしさ、日本人らしさにも通じるのでは、と話すパックン。

要するに、英語では丁寧《ていねい》な表現《ひょうげん》を使う頻度《ひんど》が非常《ひじょう》に低いと言えるのです。もちろん、英語にも丁寧な言い方はいろいろありますが、わざわざ使うことはありません。この点、日本語を正しく使うには、常《つね》に社会的な地位を意識《いしき》しなければならない。そうすると上下関係に敏感《びんかん》な性格《せいかく》になってしまうのではないか、と感じています。僕《ぼく》はそういったことに気づいたことで、少しずつ日本語が上達してきたわけです。これも、僕の「こうして～」なんです。

司会：パックン、どうもありがとうございました。具体的な例をあげていただきながらの説明《せつめい》が、とてもよくわかりました。

最後に、パックン自身の日本語学習を読者の英語学習に置き換《か》えて、喋《しゃべ》れるようになるアイデアはありませんでしょうか。もしあれば、ぜひ、お聞かせいただけないでしょうか。

パ：アイデア、ありますよ！　学校で行うアイデアです。「言うは易《やす》し、行うは難《かた》し」で、しかも、みんなでやるアイデアですから、難《むずか》しさがさらに増《ま》しますよ。

今日の話のなかでも何度も出てきた「私のお父さんは銀行で働いています」を英

語にするということで言えば、それができない先生はいません。

　僕のアイデアとは、「全部の教科で、業務連絡《ぎょうむれんらく》は英語でする」ということ。学校の英語教育が格段《かくだん》にレベルアップすること請《う》け合いですよ。

渡邉：僕も、パックンの提案《ていあん》に大賛成《だいさんせい》です。僕が通った中学・高校では教科書こそ定番でしたが、英語の先生が本当に英語を喋れたので、教科書以外の本物の英語にも触《ふ》れることができました。またクラスに帰国子女やオーストラリアからの留学生《りゅうがくせい》がいたので、授業《じゅぎょう》以外でも自然と生きた英語に接《せっ》する機会が多かったのは、今考えるとありがたかったですね。

パ：英語を英語の授業でしか使わないなんて、もったいないですよね。だって、九九とか引き算などは、算数の授業以外では使ってはいけないと言われたらおかしいでしょう。日本では、中学生の間に日常《にちじょう》生活に必要とされる英文法をほとんど習っています。だから高校生は、英語の授業の半分は英会話にすればいいんですよ。

　マックンがジェスチャーの話で、英語を「体で覚える」という話をしていましたが、英語はスポーツと同じだと僕は思っています。スポーツは、実際《じっさい》に体を動かす。

それと同じように、体を動かすことで英語を覚えるんです。英語もスポーツ感覚で、とにかく話す！　そうすれば、そのうち慣《な》れてきて、「What is your name?」とか「Happy birthday!」などのように、そのまま理解《りかい》できるようになります。いちいち頭のなかで日本語に訳《やく》さなくても、理解できる！　これが英語で考えている、ということなんです。

だれでも頑張《がんば》れば、自然に英語で聞いて英語で答えられるようになると思います。スポーツと同じです。いちばん最初は、フォームを意識《いしき》する。でも、慣れると、左手、右手をどう動かしているかなんて意識しない。体が覚えてくれるんです。

僕《ぼく》の話を聞いていただき、ありがとうございました。

(3) 仕事で学んだ実践《じっせん》英語（渡邉優《わたなべまさる》の場合）

司会：渡邉先生、お待たせしました。お話ししたくてうずうずしていらっしゃったのではないでしょうか。

先ほど、先生ご自身で、「後ほどお話しするつもりですが、食文化や趣味《しゅみ》の話などが、外交の仕事でとても役立ちました」とおっしゃっていました。お任せしますので、どうぞよろしくお願いします。

渡邉：何から話せばいいでしょうかねぇ？

司会：どこからお話しされるかも、お任《まか》せしてよろしいでしょうか。

渡邉《わたなべ》先生が外交官時代に実践《じっせん》されたコミュニケーションについて、話を伺《うかが》う司会。

■パクる・真似《まね》る

先ほどパックンも「パックれ」とおっしゃっていましたが、僕《ぼく》も、つべこべ言わずにネイティブの真似をしろってことを申し上げたい。

パ：えっ、僕は「パクれ」なんて言ってないよ。

渡邉：そうでした。パックンは「喋《しゃべ》りたいんだったら、素直《すなお》になりなさい」と紳士的《しんしてき》におっしゃっていました。ごめんなさい。

パ：それにしても渡邉先生、ジョークが下手《へた》くそですね。

渡邉：ジョークがダメなら、真面目《まじめ》に話しますね。

言語は、数学や物理と違《ちが》って、文法と論理《ろんり》を駆使《くし》すれば自分の考えや感情《かんじょう》を正確《せいかく》にはっきりと伝えられる、というものではありません。各国語のルールはそれぞれの文化や慣習《かんしゅう》が積み重なってつくられているので、理屈《りくつ》だけでは割《わ》り切れません。先ほどパックンが日本語のイントネーションの話をしてくれましたが、そのほかにも、漢字の読み方からしてルールがわからない。たとえば「田」は普通《ふつう》「た」と読みます。プロレスのジャンボ鶴田さんは「つるた」、女優《じょゆう》の堀田真由《まゆ》さんは「ほった」です。でも、どうしてマックンの吉田は「よした」でなく「よしだ」と濁音《だくおん》になるのか？　と聞かれたら、「つべこべ言わずにヨシダと呼《よ》んでくれ」と言いたくなりますよね。どんな漢字辞典を読んでも、「日本武尊」が「ヤマトタケル」と発音するなんて想像《そうぞう》できません。

パ：要するに、パクれと？

渡邉：そうですね。あ、お話ししておきたいことを、もうひとつ思い出しました。

これまで何の疑《うたが》いもなく「英会話」という用語を使ってきましたが、僕は「英会話」という用語に違和感《いわかん》があるのです。なぜなら、英会話という特別なカテゴリーの学問・勉強法があるわけではないからです。街の「英会話」教室では、ある程度《ていど》までしか英語は上達しません。

マックンも、通われた英会話教室では、ある程度までだったはずです。それ以上は、パックンとアメリカで仕事をしたり、ネイティブの人と実際《じっさい》に話したりしながら、OJT*で身につけてこられたんでしょ。

パ：もちろんです。な、マックン？

＊OJT：on the job training の略《りゃく》で、実際《じっさい》に仕事をしながら学ぶこと。

マ：はい、パックンが怖《こわ》くて。

■カタカナ語の功罪《こうざい》

渡邉：結局、ネイティブの人たちが使っている表現《ひょうげん》や発音を真似《まね》するのがいちばんです。ところが、学校で習う英語は実際《じっさい》にネイティブの喋《しゃべ》っていることとずいぶん違《ちが》うので、行き詰《づ》まってしまう人が多いように思います。ですから、英語の教科書に書いてあることはちょっと横に置いて、アメリカとかイギリスの spoken English を身につけるよう心がけるのが効率的《こうりつてき》です。ここでとっておきの秘訣《ひけつ》があります。

たとえば "a couple of coffee" "Go to bed" "I am going to do it" と英語の教科書に載《の》っています。日本人はつい「ア　カップル　オヴ　コフィ」のように発音しがちですが、僕《ぼく》はそのように発音するネイティブの人に会ったことがありません。これらはカタカナで「アカパカフィ」、「ガダベッ」、「アイムガナドゥイッ」の方が、本物の spoken English に近いのではないでしょうか。パックンいかがですか？

パ：couple of は、たしかに「カパ」にしか聞こえないですよね！

渡邉：よく英語をカタカナ語にしてはいけないと言われています。僕もそう思うのですが、一概《いちがい》に害(がい)ばかりではありません。外国語、とくに、英語の発音が書かれた文字とは違う場合には役立つと、僕は考えています。

その例が、今の「アカパカフィ」など。それにしても、日本にあふれるカタカナ英語はほとんどの場合、有害無益《ゆうがいむえき》。和製《わせい》英語というのは、百害あって一理なし。ナイター、オーダーメード、シルバーシートなどなど。

■文法について

渡邉：パックンが、「僕はこうして日本語が上《じょう》

“a couple of coffe”のネイティブの発音は「アカパカフィ」……？

手《ず》になりました！」の話に、「嫌《きら》くない」とは言わない、といった日本語の文法のややこしさをあげていましたね。話をお聞きしていて、外国の方からしたら、本当に難《むずか》しいんだろうなと思って……。日本語を話す者のひとりとして、日本人でよかった、そんなややっこしい文法にそれほど悩《なや》まされなくて済《す》んでよかった、と感じていました。

でも、英文法も楽ではありません。あるレベル以上の英語学習では「文法をなめるな！」と申し上げたいと思います。今日出てきたMy father work bankの話も十分に理解《りかい》したうえで敢《あ》えてそう言わせてください。

なぜなら、あらゆる言語は、すべてが正確無比《せいかくむひ》な文法でつくられているわけではないものの、最低限《さいていげん》のルールがあるからなんです。それをしっかり理解せずに言語を使いこなすことは、絶対《ぜったい》に不可能《ふかのう》。だから「よい」文法書で、文法の基本《きほん》を勉強することが必須《ひっす》だと、僕《ぼく》は確信《かくしん》を持っています。

とは言え、それは、ある程度《ていど》英語学習が進んだ段階《だんかい》であって、英語を喋《しゃべ》れるようになろうとする初期の段階ではありませんので、My father work bankの段階では、パックンマックンが言っていた「ひとまず細かいことは気にしなくていい」というのは、大正解《だいせいかい》！
マ：あ〜よかった。また、僕はトラウマの再現《さいげん》かと思いましたよ。
パ：大丈夫《だいじょうぶ》。渡邉先生、ニコニコしながら喋っているだろ。お前は、あいかわらず、気がちっちゃいな。
マ：そうか〜、ごめん。
渡邉：残念ながら、日本の文法書には腑《ふ》に落ちる説明をしてくれるものが少ないとも感じています。そのため、英文法がよくわからないままになってしまうんです。
今後、国連英検《えいけん》などを受ける方は、ぜひ文法を勉強することをお勧《すす》めします。
パ：渡邉先生、「まともな説明をしてくれる文法書が少ない」とおっしゃいましたが、少しはあるんでしょ。ここだけの話ですが、僕《ぼく》に教えていただけませんか。
渡邉：マックンならともかく、パックンがそれを聞いてどうするんですか？
パ：もちろん、僕も受けるんですよ、国連英検。合格《ごうかく》したらかっこいいじゃないですか。マックンにもいっしょに受けてもらいますよ。あ、マックンはジュニア英検をね。

マ：うん、僕《ぼく》もジュニア英検《えいけん》特級を受けるので、ぜひ教えてください。
渡邉：おふたりは息ぴったり。さすがコンビ歴26年ですね。
まともな文法書について、それじゃ内緒《ないしょ》で。個人的《こじんてき》には、たとえば『表現《ひょうげん》のための実践《じっせん》ロイヤル英文法』（旺文社《おうぶんしゃ》）は、合点のいく説明《せつめい》をしてくれます。
司会：渡邉先生いいんですか？　後でまずいと判断《はんだん》されたときは、おっしゃってください。生放送ではありませんので、編集《へんしゅう》で伏字《ふせじ》にしますから。
渡邉：ありがとうございます。でも、今お話ししたのは、僕のモットーみたいなこと。いちばん先にどうしても言っておきたかったんです。
次は、英語学習で大切なことについて。「聞き取れなくて当たり前なのだから、自信を失わないこと」。これは、パックンマックンがコントで言っていたことの裏返《うらがえ》しかも知れません。
僕自身、外国語のネイティブスピーカーの言っていることがわからないという経《けい》験《けん》はいくらでもあります。その理由として、発音が聞き取れないこともあるし、聞き取れてもその単語や表現の意味や底意がわからないこともあります。そんなときは自信を失いがちですが、考えてみれば母国語である日本語でも同じことが起こっていますよ。学校の授業《じゅぎょう》やテレビドラマや時事ニュースや学者の講演《こうえん》を100パーセント理解《りかい》できていないのは、母国語でもむしろ当然のことでしょ。まして外国語ではね。

僕は大学で教えていますが、僕のクラスのテストで満点をとらない学生が結構《けっこう》いるんです。僕の日本語が聞き取れていないのかも。

話者の喋《しゃべ》り方が悪いんだとか、難《むずか》しい用語を使うからいけないとか、また、話の展開《てんかい》の仕方がおかしいとかね。そう思うくらいの方が、いいのではないでしょうか。あ！　これは僕の授業のことではありませんよ。

渡邉先生は外交官、大学の先生、いろいろな立場での経験《けいけん》を交えて話される。

▨外交官と飲食文化

司会：渡邉先生、ありがとうございます。

実は渡邉先生には、英語そのものの学習に役立つお話だけではなく、外国人とのコミュニケーションに関わるお話もお願いしたいので、この辺でテーマを変えさせていただければうれしいです。外交官のお仕事と関係するお話などをお聞かせいただけないでしょうか。

渡邉：では、外交官としての経験《けいけん》から、飲食文化ということでお話ししましょうか。ちょうど小腹《こばら》が空いてのどが渇《かわ》いてきたので思い出しました。いっしょに飲み食いすることで人と人の距離《きょり》が縮《ちぢ》まり、コミュニケーションが円滑《えんかつ》になるのは万国《ばんこく》共通です。日本でもノミ（飲み）ニケーションって言いますね。僕《ぼく》たち外交官は、世界のどの国に行っても、食事に呼《よ》ばれれば積極的に参加し、自分でもいろいろな人を食事に招待《しょうたい》します。日本大使公邸《こうてい》の日本食の会食に誘《さそ》えば、みなさん喜んで来てくれました。普段《ふだん》は会えないような方々、たとえば政府《せいふ》の高官、文化人、音楽家などが日本大使公邸に集まり、いろいろな話ができます。食事を囲んだ会話を通じてお互《たが》いの理解《りかい》が深まり、協力関係ができていくことがしばしばです。会食はそれほど大事な機会なので、外国勤務《きんむ》のときには敢《あ》えてダブルブッキングすることがあります。夕刻《ゆうこく》5時からどこかの大使館が主催《しゅさい》するカクテルパーティーに参加、6時から別のレセプションに顔を出して、7時からお客さんを自宅《じたく》の夕食に招《まね》く、といったこともあるんです。外務省《がいむしょう》の先輩《せんぱい》で、これを「胃袋《いぶくろ》外交」と呼んだ人がいましたが、胃腸《いちょう》の丈夫《じょうぶ》なことは外交官に必要な素質《そしつ》のひとつとも言えるでしょう。

　大使公邸にプロの音楽家を招いて食事兼コンサートを催《もよお》したら、100名を超《こ》える要人たちが来て、大いに喜んでいただきました。おかげで、その後のいろんな交《こう》渉事《しょうごと》が楽になりました。

司会：ご近所から騒音《そうおん》の苦情《くじょう》は来ないのですか？

渡邉：はい。近所のみなさんも招待《しょうたい》しましたから。

■日本食とワイン

渡邉：日本食に招待《しょうたい》するからには、世界遺産《いさん》でもある「日本の食文化」を外国の方々に語れるように心がけました。外国の友人をたこ焼きとハイボールに誘《さそ》って、なぜ関西で粉ものの人気があるのかを教えてあげたら、友人は目を輝《かがや》かせるのではないでしょうか。同時に、相手の国や地域《ちいき》の飲食文化についても話題にできると、さらに話がはずみます。だれでも自国に関心を持ってくれる外国人には親しみを感じるものです。

ワインはいろいろな機会に出される飲み物ですから、僕《ぼく》もひと通りのことは勉強しました。歴史的にワインの大生産国で、ワインが生活の一部をなしていて、自国のワインに誇《ほこ》りを持つ国は世界にたくさんあります。そうした国の人たちと話をする際《さい》に、彼《かれ》らの自慢《じまん》のワインについて談義《だんぎ》すると、人の輪が広がり、友人が増《ふ》えていきます。僕が勤務《きんむ》したスペイン、アルゼンチン、スイスではワインを通して彼らの国や国民性《こくみんせい》に近づくことができたと言っても過言《かごん》ではありません。一方で、アジア、ブラジル、キューバではあまりワインに関する造詣《ぞうけい》は役に立ちませんでした。

■自国の文化を知る。そして相手に関心を持ち、共通の話題を探《さが》す

渡邉：もう少し話してもいいですか？

司会：構《かま》いませんよね、パックン、マックン？

パ・マ：Sure! もちろんです。

渡邉：外国の人たちは日本について、日本人自身がどう考えているのか知りたいのです。また、外国の人たちとのコミュニケーションでは、相手の国や地域のことをよく学ぶことも秘訣《ひけつ》です。何よりも彼らの国や地域の歴史、そして常識《じょうしき》や作法といったことです。もちろんすべてを事前に学ぶことはできませんから、わからないことはどんどん聞いてみたらいい。大事なのは、相手に関心を持つことです。

そういう基礎《きそ》のうえに立ってさらに、音楽、演劇《えんげき》、スポーツなど自分が興味《きょうみ》を持つテーマなど、共通の話題を探すこと。趣味《しゅみ》だけでなく自分の専攻《せんこう》分野、経済学《けいざいがく》、国《こく》際法《さいほう》、ロボット工学でも何でも、自分に基礎知識《ちしき》があることなら、その分野の外国語は驚《おどろ》くほどかんたんに、そして楽しく習得できます。コミュニケーションの幅《はば》が

広がり、深みを増《ま》していきます。

そのためには、外国語を使う機会を増《ふ》やすことが必要です。海外から来た人のアテンドをする、スピーチ大会に応募《おうぼ》する、外国語で行われる会議や集《つど》いがあればどんどん参加するのです。そして、そういった機会では積極的に発言しましょう。外国語は実際《じっさい》に使って、経験値《けいけんち》があがっていくのを自分で確《たし》かめながら上達していくものです。パックンが先ほど言ってくれたように、英語はスポーツと同じです。ともかく使っていきましょう。

■英語力をより高める秘訣《ひけつ》

渡邉：「旬《しゅん》」の話題を仕入れておくことも、ちょっとした秘訣です。毎朝のニュースを見たり、新聞の主要記事にかんたんに目を通しておいたりなど。友人たちの会話で話題になることが多いからです。少しでも前提知識《ぜんていちしき》を持っているのと、そうでないのとでは、外国語の会話を理解《りかい》できる程度《ていど》が異《こと》なります。

また、ジョークはどの国でもコミュニケーションを円滑《えんかつ》にしてくれます。英語のジョークをいくつか覚えておくと必ず役に立ちます。自分で下手《へた》くそなジョークをつくるより、定番のジョークを暗記する方がいいかもね、パックン？

パ：渡邉先生は、自作でも大丈夫《だいじょうぶ》ですよ。

渡邉：Ten ants!

パ：え？

マ：「アリが10匹《ぴき》」！　つまり「ありがとう（アリが十《とお》）」だよ。

（パックン以外、笑い）

パ：それ、何？　それの何がおかしいんだよ？

司会：パックン、押《お》さえて押さえて！

マックンさん「アリが10匹《ぴき》、ありがとう」。パックンさん「?!」

■英語＋α《プラスアルファ》

渡邉：英語は、世界で最も多くの人が話す言語ですが、それでも世界には英語を母国語としない人の方が、母国語とする人より多く暮《く》らしています。英語ができない人の方が、世界には多いということです。世界人口80億人のうち、英語を話すのは、約15億人です。

また、ある国の人と意思疎通《そつう》する際《さい》に、仮《かり》にその人が英語を理解《りかい》するとしても、その人の母国語の方がより深く理解し合えるのは、言わずもがな。できれば、世界語である英語のほかに＋α《プラスアルファ》、せめてもうひとつ外国語ができると、より世界を深く理解できるわけです。

では、＋αには何語がよいのでしょうか。それは自分で決めればよいと思います。僕《ぼく》の場合、ＯＪＴで、スペイン語とポルトガル語でした。パックンは、日本語のほかは？

パ：中国語と韓国語《かんこくご》。みんな似《に》ているから。

マ：顔がだろ！

パ：ごめんなさい。ジョークでした。

渡邉：司会の稲葉さんに、パックンの中国語をチェックしてもらおうかと思いました。彼《かれ》は、中国語が＋αですから。

司会：やめてくださいよ。僕の＋αは、大阪弁《おおさかべん》ですからね。

渡邉先生、そろそろ時間がなくなってきましたので、まとめに入っていただければありがたいです。どうぞよろしくお願いします。

渡邉：かしこまりました。

英語のほかにもうひとつ、世界に広く通用する普遍的《ふへんてき》な言語を学ぶとすれば、フランス語かスペイン語です。また、自分が関心を持つローカルな言語にするのも、もうひとつの選び方でしょう。中国語（普通話《プートンホア》）、韓国語といったアジアの隣人《りんじん》たちの言語とか、あるいはノルウェー語やスワヒリ語、ヒンディー語、アラビア語もいいかもしれません。ロシア語も隣国《りんごく》の言語ですね。

ひとつ言い忘《わす》れました。外国に留学《りゅうがく》しても住んでいても、勉強しなければ決して外国語は上達しません。ジュネーブ*に3年暮らしていた僕が言うのだから間違《まちが》いあ

＊ジュネーブ：スイスの主要都市のひとつ。地理的にフランスに囲まれ、主要言語はフランス語。WHO（世界保健《ほけん》機関）ほか国連機関の本部が多く置かれる。

りません。僕《ぼく》は、フランス語はほとんどできません。仕事や生活では、ほぼすべて英語やスペイン語で用が足りましたし、それに、忙《いそが》しくてフランス語の勉強ができなかった、というのが言い訳《わけ》です。また、フィリピンでも3年間暮《く》らしましたが、フィリピンの人たちがみんな英語を喋《しゃべ》れるので、公用語のタガログ語*はできません。僕がフランス語もタガログ語もできないのは、スイスとフィリピンの人たちのせいなんです。冗談《じょうだん》！

■いろいろな英語

パ：でも、渡邉先生は「タグリッシュ*（Taglish）」で通じたんですか？　すごいですね。僕は、「タグリッシュ」も「シングリッシュ*（Singlish）」もよくわかりませんよ。

渡邉：おーさすが、パックンはアメリカ人なのに、「タグリッシュ」も「シングリッシュ」も知っているなんて、すごいね。

マ：渡邉先生、チコちゃんみたいな口調になってますよ。それに、パックンは「タグリッシュ」も「シングリッシュ」も「わからない」と言ったんですよ。

＊タガログ語：英語とともにフィリピンの公用語。フィリピンでは180以上の言語が話される。

＊タグリッシュ：Tagalog と English を合わせた造語《ぞうご》で、タガログ語っぽい英語。

渡邉：そうですね。でも、その言葉を知っているだけでもすごいと思ったんです。
マ：うん、僕は知らないですからね。
渡邉：世界で最も多くの人が使う言語は英語。逆《ぎゃく》に、それだけいろいろな英語があるということなんです。アメリカ英語とイギリス英語だけが、英語の違《ちが》いではありません。イギリス人といっても、いろいろな英語を喋る人がいます。アメリカでもスペイン語と英語をごちゃ混《ま》ぜにした「スパングリッシュ（Spanglish）」を話す人たちが増《ふ》えているそうです。

僕も外国勤務《きんむ》のなかでいろいろな英語に接《せっ》してきて、ずいぶん慣《な》れたつもりですが、今でも苦手な英語があります。僕にとっていちばん難《むずか》しいのはナイジェリアの英語。次にシングリッシュだと感じています。

実は、英語が世界中に広がったのは、英語の柔軟性《じゅうなんせい》にあると言われています。どういうことかというと、ナイジェリアやシンガポール、フィリピンなどでは、その国の言語と融合《ゆうごう》して、独自《どくじ》の英語がつくりあげられてきましたが、それは、英語という言語そのものが、そういうことを可能《かのう》にする柔軟性があったからなのです。そ

＊シングリッシュ：Singapore と English を合わせた造語《ぞうご》。シンガポールで話される英語。

れらの国では、彼《かれ》らなりの英語を堂々と使うようになったことから、独自《どくじ》の英語がつくりあげられてきたわけです。ただし、なるべく多くの人に理解《りかい》される、最低限《さいていげん》のルールを守った英語であることが望ましいのは、言うまでもありませんが。

そう考えたとき、ほかの国の人には多少聞き苦しくても、日本人も堂々と自信を持って英語を喋《しゃべ》ってよいということになります。

最近、ＪＲの車内アナウンスが、話し手の個性《こせい》を残したまま、つまり、発音やイントネーションを画一化しないようになってきました。

「英語は私の言語」と考えてよいというのが僕《ぼく》の意見です。英語は唯一《ゆいいつ》の lingua franca（母国語が異《こと》なる人々のなかで共通語として使われる言語）、アメリカ人のものでもイギリス人のものでもなく、いわば public domain（共有財産《ざいさん》）なのです。

パ：僕は31年も日本に住んでいるけれど、今もイヤホンを使って、歩きながら日本語の勉強をしているんですよ。インターネットのラジオ教材なんかでね。それでも、テレビ朝日を、朝日テレビと言ってしまうこともありますけどね（↓P31）。

マ：自分に合った、親や先生からも認《みと》めてもらえるやり方を探《さが》すしかないでしょうね。

ご家庭によってインターネットの許容範囲《きょようはんい》は大きく異なりますし。

▒自国の文化を知る

司会：みなさん、うまくお話しくださり、ありがとうございます。時間もなくなってきていますので、話し合っていただきたかったもうひとつのテーマに移《うつ》らせていただきます。自国の文化、パックンであればアメリカの文化への理解を深めることが、外国の方との会話の題材になるということについてです。

これは、事前に渡邉先生からいただいていた質問《しつもん》です。パックンマックンのおふたりは、日本で行われる各国大使館の公邸《こうてい》などに行かれることがあるんじゃないですか？　そういった場で、自国の文化をお話しされるんでしょうか？

マ：そうですね。正確《せいかく》にお答えすると、各国大使館などの公邸に行くのはパックンだけですね。

渡邉：では、事前の質問というのを変えさせていただきます。外国の方と話をするとき、我々《われわれ》は一人ひとりが日本の代表なんです。マックンが外国の方に日本について話をすると、その方は「日本人ってこういう考え方をするんだ、なるほど」と思うのですが、これについてはいかがですか？

一昨日《おととい》も、パックンと久保文明《くぼふみあき》さんが合衆国憲法修正第2条《がっしゅうこくけんぽうしゅうせいだいじょう》についてお話しされているのをテレビで見ました。銃《じゅう》を持っていいか、というお話です。憲法については、日本の専門家《せんもんか》の先生がきちんと説明《せつめい》されるんですが、そこでパックンがアメリカ人としてはこう感じています、ということを話していらっしゃいました。

僕《ぼく》は、アメリカの人の生の考えを聞くことができて、とても参考になりました。そういうことを、もっと聞きたいなって思っています。

逆《ぎゃく》に考えてみると、日本のことを僕らは、どれくらい知っているかなって思ったんです。もっと言うと、きちんと説明できるんだろうかって。これは実は、外務省《がいむしょう》にいて外国の人と話すことが多かった僕の経験《けいけん》をふまえた反省でもあります。もっと勉強しておくべきだった、あのときこんなふうに説明できたらもっと通じていたかもしれない、って。

外国語を学ぶと同時に、自分の国の政治《せいじ》、経済《けいざい》、スポーツ、音楽、何でもいいで

＊久保文明《くぼふみあき》：東京大学卒業。法学博士《はくし》。アメリカ政治《せいじ》の権威《けんい》で第10代防衛《ぼうえい》大学校長。

すが、もっと自信をもって話せるようにしておきたかったなと思います。この反省を、若《わか》い人たちには存分《ぞんぶん》に生かしてもらいたいですね。

パ：では、逆に質問《しつもん》して失礼ですが、渡邉先生は、日本の文化のなかでまず何を知っておくべきだと思いますか？

渡邉：まずは自分の好きなことでいいと思います。自分の関心のあること、身のまわりにあること。このことについてなら話せる、という得意な分野をもっておくのがよいと思います。

パ：僕もそうだったんですが、海外に行って初めて、自分の国の文化の特徴《とくちょう》がわかるということですよね。１回海外に行ってみて、気づかされたことを持ち帰って、勉強し直してみるというのもありますね。

日本って、ほとんど無宗教《むしゅうきょう》じゃないですか。アメリカは、神様がいて、天国と地獄《じごく》があって、死後はどちらかに行くことになるから、いいことをしなければならない、という考えです。十戒《じっかい》を破《やぶ》れない。だから、だれも見ていなくても人のものをとっちゃいけないとか、そういった教えで、僕も育ちました。

日本では、たまに閻魔様《えんまさま》とか聞くことはあるけど、実際《じっさい》にはだれも神様を恐《おそ》れていないじゃないですか。

マ：恐れてなくはないんじゃない？

パ：本当？　地獄《じごく》に行くかもとか思ってる？

マ：そう思っている人もいると思うし、子どもの頃《ころ》は僕《ぼく》もそう思ってたよ。各地域《かくちいき》に幽霊《ゆうれい》文化があって、あそこに行くと呪《のろ》われるとかさ。そういうのを信じて怖《こわ》がってる人は多いと思うな。宗教《しゅうきょう》とは関係ないかもしれないけど、でも心のなかで、何か悪いことをしたら、もしかして……って。

僕は、絶対《ぜったい》に今でも朝蜘蛛《あさぐも》は殺さない。蜘蛛を朝に見つけたら、手のひらにとって、外に逃《に》がします。

渡邉：僕もそうです。

マ：子どもの頃は「お父さん、蜘蛛《くも》！」って言うと、お父さんが「殺しちゃだめだよ」って。

パ：迷信《めいしん》だね。

マ：まあね。でも、『蜘蛛の糸』っていう芥川龍之介《あくたがわりゅうのすけ》の話もあるよ。悪人の男が生前に

1匹《ぴき》の蜘蛛を助けて、男が死んだとき、その蜘蛛が地獄《じごく》に糸を垂《た》らしてくれるの。でも、「これは俺《おれ》の糸だぞ！」って言った瞬間《しゅんかん》に、糸がプツンと切れてしまうっていうお話。その話も子どもの頃から聞いてるから、蜘蛛は絶対に殺さない。

渡邉：そういうことってありますよね。親や学校の先生から、だれも見ていないと思っても、どこかでだれかが、天が見てるよと言われるし、訓話のようなものを繰《く》り返し読みます。そうすると、素直《すなお》に頭のなかに入ってきちゃいます。おそらく、旧約《きゅうやく》聖書《せいしょ》や新約《しんやく》聖書にある話と似《に》た道徳《どうとく》を、自然な形で学んでいるのだと思います。

パ：僕は自分の子どもに「神様が見ているよ」って1回も言ったことないけど、いい子に育っています。日本に来て気づかされたのは、宗教はなくても道徳が成り立っているということ。それがすごくいい発見だったから、アメリカ人はなんでこんなに宗教心が強いのか、もっと研究することにしました。それで、自分の国の文化に対する理解《りかい》もますます深まったと思います。

パ：（会場の編集者《へんしゅうしゃ》に）おふたりは朝蜘蛛を殺します？（「無理です」の声）

パ：夜蜘蛛は？（首を横に振《ふ》る）

パ：蜘蛛《くも》を殺《ころ》せないってだけじゃないの？

マ：その隣《となり》にゴキブリがいたら容赦《ようしゃ》しないけどね。

パ：蜘蛛はかわいいからってこと？

マ：いろんな理由があるよ。うちの奥《おく》さんは、蜘蛛は害虫《がいちゅう》を食べてくれるから殺《ころ》さない方がいいんだよって言ってた。ゴキブリは殺すよ。

パ：ゴキブリは殺すんだ。朝ゴキは殺す、夜ゴキも殺す。

マ：夜ゴキは殺さないと眠《ねむ》れなくなっちゃうだろ。

パ：僕《ぼく》は、蜘蛛はかわいいと思うな。家にいる小さいやつね。大きいやつはあんまり見たことないね。

渡邉：実を言うと、僕は大きい蜘蛛を1回だけ殺したことがありますよ。（両手で示《しめ》して）こんなに大きいタランチュラ。ブラジルに住んでいたとき、家のなかを歩いていたんですよ。

マ：それは、殺さないと殺されてしまう可能性《かのうせい》がありますね。無理無理！

司会：今日はどうもありがとうございました。あと15分くらい時間を残しましたので、これからはフリートーキングということで、時間までお話ししてください。

パ：これだけの時間でも、直接《ちょくせつ》会って話し合うって、すごいですね。内容《ないよう》があっちこっち。稲葉さんは、整理が大変でしょうね。

司会：涙《なみだ》が出そうです。よくおわかりいただけて。とくに渡邉先生のお話が、突然《とつぜん》高いところにいってしまうので、今は、覚悟《かくご》を決めているところです。

■おすすめジョーク

渡邉：そういえばコントで思い出したんです

文化の違《ちが》いの話から、夜蜘蛛《よるぐも》、朝蜘蛛の話へ。

けれど、ジョークって、結構《けっこう》、役に立つんですよ。このフリートークでならいいでしょ。稲葉さん？

パ：お、ジョーク、何かいいの、出てきましたか？　何か教えてください。おすすめのジョーク。

マ：さっきパックンは、渡邉先生のジョークはダメだなんて失礼なことを言ったじゃない！

渡邉：お酒をやめるのに、すごく苦労している人がいました。何回も誓《ちか》いを立てるけど、禁酒《きんしゅ》できないんですね。「なんでだ？」って聞いたら「僕《ぼく》がお酒をやめると大変なことになるんだ」と言うんです。「9・11事件《じけん》、あれは僕がお酒をやめた日に起こったんだ。去年の10月7日の事件（イスラエルとパレスチナの）。あれも僕がお酒をやめることになった日に起こった」と。「僕がお酒をやめると大変なことになるんだ、だから、世界の平和のために僕はお酒を飲み続けているんだ！」

パ：なるほど！

渡邉：ちょっと難《むずか》しいですね。じゃ、もうちょっとわかりやすいやつ……。

マ：いやいや、わかりやすいですよ。
パ：マックンは、甘《あま》い！　僕、ジョークにはうるさいですよ。
マ：ほら、パックンは、スタンドアップコメディ*やってるからね。
ジョークって、人を笑わせるためにありますからね。笑わせると、人と近づけるじゃないですか。

僕は、昔アメリカの家庭にホームステイしたことがあるんです。そのとき、自分の失敗談を英語でみんなに話しなって言われたんです。絶対《ぜったい》みんなにウケるからって。
たしかに、そういう話を1個《こ》でも持っておけば、とくにパーティのときなんか「俺《おれ》、若《わか》いときこういう失敗しちゃったんだよね」と言うだけで笑いになって、親しくなれる。だから、自分の失敗談は、必ず1個英語で話せるようにすることを、僕もみんなに勧《すす》めています。

渡邉：あ〜いいですね。でも1個だけ選ぶというのが、難しいですね。
マ：僕はそのとき「朝起きたら naked（はだか）だった」って話をしました。
渡邉：危《あぶ》ないジョークですね。

＊スタンドアップコメディ：stand-up comedy。コメディは即興《そっきょう》話芸のことで、演者《えんじゃ》がひとりで観客《かんきゃく》の前に立ち、喋《しゃべ》り続けるスタイル。アメリカではコメディの主力。

マ：はい、「だれかに脱《ぬ》がされたのか!?」「いや、自分で脱いだんだ」というね。
（渡邉先生からプレゼントされた、渡邉先生が書いたスペイン語のジョークの本をパラパラめくっていたパックンが）
パ：これ、おもしろいよ。読むよ。
マ：あ、ちょっと待って。スペイン語で読んでもらっても困《こま》る。日本語に訳《やく》して。
渡邉：じゃまず、スペイン語で。
マ：わかった、いいよ。
パ：ケアセウンカタランクアンドティエネフリーオ！（スペイン語で読みあげる）
渡邉：（笑）
マ：ちょ、ちょっと待ってください。今の笑いは？　ジョークで笑ったの？　パックンの読み方で笑ったんじゃないの（笑）？
パ：「*カタルーニャの人は寒いとき、どうしますか？」「ストーブに近寄《ちかよ》りますよ」「ふ～ん、では、すっごく寒いときは？」「ストーブを点けます」。
渡邉：（マックンに対して）わかります？　すっごく寒くなるまで……。

＊カタルーニャの人：カタルーニャはスペイン北東部の州。スペインでは、カタルーニャの人は商売上手でケチと見られることが多い。

パ：ストーブは点けてないんだよ。
マ：あ〜、そういうことね。
パ：カタルーニャ人は、ケチなイメージなんだよ。
マ：なるほどね〜。そういう文化の背景《はいけい》があるから。
　だから、これ、「北海道の人は」って言えばいいってこと？
パ：いや、大阪人《おおさかじん》とかじゃない？
マ：あ〜、そういうことか？
渡邉：「寒いとき、どうすんねん？」
パ：「そりゃあ、ストーブの近くに座《すわ》りますよ」「じゃあ、めっちゃ寒いときはどないすんの？」「そりゃ、ストーブ点けますがな」。めっちゃおもしろい。
　（一同笑い）
渡邉：大阪人バージョンいいですね。使ってみよう。

フリートーキングでも盛《も》り上がるお三人。

マ：まぁ、なになに人《じん》じゃなくて、おばあちゃんとか、自分の話に置き換《か》えてもいいね。
パ：あ〜そうだね、そうするとだれも傷《きず》つけない。
マ：「ばーちゃん、寒いよぉ……」「じゃあストーブの近くに座《すわ》れ」「え〜？　いいけどぉ。いや、すっごく寒いよ」「じゃあ、どうする？　ストーブ、点ける？」
司会：（笑）すごい、すごいです！　今考えたのですか？
マ：コント風のストーリーに置き換えてみました。
パ：「ストーブ点ける？」……めっちゃおもしろい。
司会：（笑）渡邉先生、ウケてますよ。
マ：あれみたいなね。「今日朝ごはんないの？」「昨日食べただろ！」
（一同笑い）
マ：そういうのも、あるんです。
司会：持ってたの？　持ちネタで。
マ：僕《ぼく》じゃないです。聞いた話で。
渡邉：ジョークのときもね、さっきマックンが言ってくれたように、自分を題材にすると、すごくいいんです。ほかの人とか民族とかを引き合いに出すとちょっと、ね。
マ：怒《おこ》る人がいるから。
渡邉：時と場所を考えないといけない。おばあちゃんくらいならいいかもしれないですね。おばあちゃんは、優《やさ》しいから。
マ：じゃあ、パックンが最近覚えた渾身《こんしん》のアメリカンジョーク教えてさしあげて。
パ：最近覚えたやつ……。まぁ、昔から僕が使ってるやつで、最近友だちに話した……。
マ：僕の知らないやつね。
パ：あの、じゃあ……。
　森で、友だちといっしょに森を歩いてるとき、オオカミの群《む》れに出会って、オオカミが追っかけてきた。銃《じゅう》には、弾丸《だんがん》がひとつしか入っていない。どうすればいい？
渡邉：……わかった。
マ：わかった？
パ：（渡邉先生のスペインジョークの本をさして）こういうのにジョークをいっぱい書いているから、すぐわかるんだね。

渡邉：でも、ちょっと、怖《こわ》くて言えない。

パ：いやいや、どうぞ。

渡邉：「友人を撃《う》つ」！

パ：そう！　友人の足を撃って、自分が逃《に》げる。

マ：なーるほど！　怖い！

司会：「銃で撃つ」だけじゃ怖いんですよ。「足を」って言えば、ジョークになる。

パ：ん、まぁまぁ、いっしょですよ。結局。

司会：では、「ちょっと待って、今、遺言《ゆいごん》を書くから」というのはどうですか？

マ：わかった、そこでオオカミが言うんでしょ！　「おー、紙（かみ）がない」って！

司会：また、マックンにやられました。ありがとうございます。

本日は、今までの鼎談《ていだん》のなかでいちばん笑った気がします。パックンマックン、ありがとうございました。また、渡邉先生も、話のレベルをあげてくださり、一方、よりおもしろくしていただきまして、感謝《かんしゃ》します。これで、お三方の鼎談会を終えたいと思います。司会はマックンにだいぶ助けられました。

（みなさんが離席《りせき》した後、パックンが渡邉先生に話しかけた）

パ：先生は、スペイン人の奥様《おくさま》をどうやって口説《くど》き落としたんですか？

マ：そっちにきた、急に！　全然違《ちが》う話！

渡邉：きましたね～。え～……ま、相思相愛《そうあい》でございます。

（稲葉が吹《ふ》き出すのを見たマックンが）

マ：なんだ、なんで吹いてるんですか（笑）！

渡邉：プロポーズは僕《ぼく》からで。

パ：スペイン語で？

渡邉：スペイン語で。

パ：何と言ったんですか？

渡邉：ん～何と言ったかな。覚えてないなんて言ったら怒《おこ》られますけど……。

マ：そりゃあそうですよね。

渡邉：後で考えます。よくある言葉だったと思いますけど。パックンは、どうやって日本語で口説《くど》いたんですか？

パ：いや、普通《ふつう》に、飲みに行こうぜって。それくらいだったけど。

渡邉：それで通じちゃったんですか？

マ：僕《ぼく》らが歩行者天国でライブやったときに見ていたお客さんが、パックンの奥《おく》さんです。新宿です。昔の三越《みつこし》があったところ。

渡邉：へ～そうだったんですか。

稲葉：そのとき見ていた女性《じょせい》だって、後からわかったの？

マ：いやいや。ずっと見ているきれいな女性がいるよ、パックンのことずっと見てるよって話してたんです。

パ：僕らいつも言うのは、人に話しかけるべきってことなんですよ。だって、それで将来《しょうらい》の奥さんが見つかるかもしれない。

マ：コミュニケーションって楽しいよねっていうこと。

稲葉：それでは、そちらで、表4（裏《うら》表紙）用の写真を撮《と》らせてもらいます。

（3人での集合撮影《さつえい》）

後記　英語も日本語も同じ!?

この本の企画《きかく》は、「はじめに」でも記した通り、2024年1月27日に子ども大学くにたち（→P7）で行われたパックンマックンのコントを見た僕《ぼく》が、とても感動したことに始まります。また、渡邉優《わたなべまさる》先生も僕といっしょに同じコントをご覧《らん》になり、パックンマックンの提唱《ていしょう》する「日本で外国人に話しかけるなら『こんにちは』から」ということに賛同《さんどう》され、彼《かれ》らともっと話してみたいということになりました。

そこで、僕は忙《いそが》しいパックンマックンと渡邉先生のスケジュール調整を行い、7月25日の鼎談会《ていだんかい》を計画。そのときの会話をもとにして、この本の編集《へんしゅう》を始めた次第《しだい》です。

しかし、パックンマックンと渡邉先生のご経験《けいけん》、ご経歴《けいれき》は、全く異《こと》なります。加えてアメリカ人のパックンと、ほかのふたりの日本人とでは、英語と日本語の関係が真逆《ぎゃく》。どう編集したらよいか？　思案《しあん》に明け暮《く》れる毎日が続きました。

それでも、外国語を習得するという点では、英語も日本語も同じです。とにかく外国語を習得するに至《いた》る経験談《けいけんだん》にまとめてみることにしました。

もとより僕は、編集者《へんしゅうしゃ》として、２０１７年に「国際《こくさい》交流を応援《おうえん》する本～10か国語でニッポン紹介《しょうかい》」（岩崎《いわさき》書店）という児童書シリーズ全5巻《かん》を、パックンといっしょにつくったことがありました。

そのシリーズは、英語、フランス語、スペイン語、イタリア語、ドイツ語、ポルトガル語、中国語、韓国《かんこく》語、ロシア語、アラビア語の合計10か国語で、①日本の自然　②日本のまち　③日本のくらし　④日本の食べ物　⑤日本の文化・スポーツを紹介するというもの。

実は、そのシリーズにおさめた単語や会話の例は、どの言語、どの環境《かんきょう》でも典型的《てんけいてき》なものだけを精選《せいせん》に精選して記載《きさい》したのでした。

ということは、この本でもその英語を巻末《かんまつ》に紹介《しょうかい》すれば、本編《ほんぺん》では、外国語学習の心構《こころがま》えについて語った鼎談《ていだん》の内容《ないよう》に徹底《てってい》することができるのではないか？　僕《ぼく》はそう考えるようになり、結果、とてもユニークな本書ができあがりました。

巻末には、前掲《ぜんけい》「10か国語でニッポン紹介《しょうかい》」でパックンと僕が精選《せいせん》した英単語と英会話を、紙面の許《ゆる》す限《かぎ》り掲載《けいさい》します。マックンにも写真撮影《さつえい》に協力いただきました。どうぞ、巻末にまとめる具体的な英語の例をご覧《らん》いただき、みなさんの英語習得に役立ててください。

お三方、読者のみなさま、本当にありがとうございました。

企画《きかく》・編集担当《へんしゅうたんとう》　NPO法人子ども大学くにたち
理事長・ジャーナリスト　稲葉茂勝《いなばしげかつ》

2024年12月吉日

付録

英語で日本紹介《しょうかい》

(1) ひとこと英会話

ここでは、普段《ふだん》よく使われる、知っていると便利な英語のフレーズをジェスチャーつきで紹介《しょうかい》します。

なお、文や単語に読み方としてつけられたカタカナは、正確《せいかく》な発音ではありませんが、外国人と話すときに手助けになるもの。

たとえばI'm coming! の読み方としてつけられた「アイム　カミン（グ）」の最後の（グ）は、ほとんど、または全く聞こえない音を表しています。

興《きょう》味《み》深《ぶか》いね。
Interesting.《インタレスティン(グ)》
これかい？
This《ズィス》 one《ワン》?
じゃーん！
Ta-dah!《タダー》
ちょっと聞いてよ！
Guess《ゲス》 what!《(ホ)ワット》
そういうことか！
That《ザット》 makes《メイクス》 sense!《センス》
ちょっと待って！
Wait《ウェイト》 a《ア》 second!《セカン(ド)》
次はなんだろう？
What's《(ホ)ワッツ》 next?《ネクスト》
ところで。
By《バイ》 the《ザ》 way.《ウェイ》
とてもおいしい！
Delicious!《ディリシャス》

なるほど。
I《アイ》 see《スィー》.
ふーん。
Hmm《フーム》.
見てみよう。
Let's《レッツ》 see《スィー》.
ヤッホー！
Yoo-hoo《ユーフー》!
了解《りょうかい》！
I《アイ》 got it《ガッティッ(ト)》!
おもしろかったね。
That《ザット》 was《ワズ》 fun《ファン》.
気にしないで。
Never《ネヴァ》 mind《マイン(ド)》.
きみならできる！
You《ユー》 can《キャン》 do《ドゥー》 it《イッ(ト)》!
これ覚えてる？
Remember《リメンバ》
this《ズィス》?

時間通りだ！
Right《ライト》 on《オン》 time《タイム》!
心配ないよ。
Don't《ドウント》 worry《ワーリ》.
そんなまさか！
No《ノウ》 way《ウェイ》!
試してごらん。
Try《トライ》 it《イッ(ト)》 out《アウト》.
どういたしまして。
My《マイ》 pleasure《プレジャ》.
どうだった？
How《ハウ》 was《ワズ》 it《イッ(ト)》?
どうりで。
No《ノウ》 wonder《ワンダ》.
やっぱり！
I《アイ》 knew《ニュー》 it《イッ(ト)》!
まだだよ。
Not《ナット》 yet《イェッ(ト)》.

おみごと!
Fantastic《ファンタスティック》!
見せて!
Show《ショウ》 me《ミー》!
やった!
Hooray《フレイ》!
よい1日を。
Have《ハヴァ》 a nice《ナイス》 day《デイ》.
よくできました!
Well《ウェル》 done《ダン》!
ワクワクするね!
I'm《アイム》 so《ソウ》 excited《イクサイティド》!
忘《わす》れないでね。
Don't《ドウント》 forget《フォゲッ(ト)》.
ん?
Hm《フム》?
その通り!
That's《ザッツ》 right《ライ(ト)》!

(2)「日本の自然」を紹介《しょうかい》してみよう

●日本の地理 Geography《ヂアグラフィ》 of《オヴ》 Japan《ヂャパン》

日本は海に囲まれた島国です。

Japan《ヂャパン》 is《イズ》 an island《アナイランド》 country《カウントリ》 surrounded《サラウンディド》 by《バイ》 the《ザ》 sea《スィー》.

日本には7000近くの島々があります。

Japan《ヂャパン》 has《ハズ》 nearly《ニアリ》 7,000《セヴンサウザンド》 islands《アイランズ》.

日本は南北に3000kmの長さがあります。

Japan《ヂャパン》 stretches《ストレッチィズ》 for《フォ》 3,000《スリーサウザンド》 kilometers《キラミタズ》 from《フラム》 north《ノース》 to《トゥ》 south《サウス》.

北と南で気候が違《ちが》います。

The《ザ》 climate《クライメト》 is《イズ》 very《ヴェリ》 different《ディファレント》 between《ビトウィーン》 north《ノース》 and《アン(ド)》 south《サウス》.

北海道では、4月でも雪がたくさん残っています。

In《イン》 Hokkaido《ホッカイドウ》, a《ア》 lot《ラット》 of《オヴ》 snow《スノウ》 still《スティル》 remains《リメインズ》 in《イン》 April《イネイプリル》.

沖縄では、4月に海水浴ができます。

In《イン》 Okinawa《オキナワ》, we《ウィー》 can《キャン》 swim《スウィム》 in《イン》 the《ズイ》 ocean《オウシャン》 in《イン》 April《イネイプリル》.

海の面積を含《ふく》めた日本の面積は、世界で6番目です。

Japan's《ヂャパンズ》 combined《コンバインド》 land《ランド》 and《アン(ド)》 sea《スィー》 is《イズ》 the《ザ》 6th《スィクスス》 largest《ラーヂャス(ト)》 in《イン》 the《ザ》 world《ワールド》.

●四季 Four《フォー》 Seasons《スィーズンズ》

日本には4つのはっきりとした季節があります。

There are《ゼアラー》 four《フォー》 distinct《ディスティンクト》 seasons《スィーズンズ》 in《イン》 Japan《ヂャパン》.

春にはたくさんの花が咲《さ》きます。

Many《メニ》 flowers《フラウアズ》 bloom《ブルーム》 in《イン》 spring《スプリン(グ)》.

夏には海水浴をする人もいます。

People《ピープル》 enjoy《インヂョイ》 bathing《ベイズィン(グ)》 in《イン》 the《ザ》 sea《スィー》 in《イン》 summer《サマ》.

秋は収穫《しゅうかく》の季節です。

Autumn《オータム》 is《イズ》 harvest《ハーヴィスト》 season《スィーズン》.

冬には雪が降《ふ》る地域《ちいき》があります。

It《イッ(ト)》 snows《スノウズ》 in《イン》 some《サム》 areas《エアリアズ》 in《イン》 winter《ウィンタ》.

●山　Mountains《マウンティンズ》

いちばん高い山は、富士山《ふじさん》です。

The《ザ》 highest《ハイエスト》 mountain《マウンティン》 is《イズ》 Mt.《マウント》 Fuji《フジ》.

富士山《ふじさん》の高さは3776mです。

Mt.《マウント》 Fuji《フジ》 is《イズ》 3,776《スリーサウザンドセヴンハンドレドセヴンティスィクス》 meters《ミーターズ》 high《ハイ》.

毎年数十万人が富士山《ふじさん》に登ります。

Hundreds《ハンドレズ》 of《オヴ》 thousands《サウザンズ》 of《オヴ》 people《ピープル》 climb《クライム》 Mt.《マウント》 Fuji《フジ》 every《エヴリ》 year《イア》.

●川　Rivers《リヴァズ》

いちばん長い川は、信濃川《しなのがわ》です。

The《ザ》 longest《ローンゲスト》 river《リヴァ》 is《イズ》 the《ザ》 Shinano《シナノ》 River《リヴァ》.

2番目に長い川は、利根川《とねがわ》です。

The《ザ》 second《セカン(ド)》 longest《ローンゲスト》 river《リヴァ》 is《イズ》 the《ザ》 Tone《トネ》 River《リヴァ》.

人々は、川で釣《つ》りをしたり、川遊びをしたりします。

People《ピープル》 enjoy《インヂョイ》 fishing《フィシン(グ)》 and《アン(ド)》 playing《プレイイン(グ)》 in《イン》 rivers《リヴァズ》.

●里山と里海　Satoyama《サトヤマ》 and《アン(ド)》 Satoumi《サトウミ》

里山とは、集落と隣接《りんせつ》する山や森林のことです。

“Satoyama《サトヤマ》” means《ミーンズ》 mountains《マウンティンズ》 and《アン(ド)》 forests《フォーリスツ》 near《ニア》 villages《ヴィリヂィズ》.

里山では、田んぼや畑がつくられています。

People《ピープル》 cultivate《カルティヴェイト》 rice《ライス》 fields《フィールズ》 and《アン(ド)》 farms《ファームズ》 in《イン》 satoyamas《サトヤマズ》.

里山には多くの種類の生き物が見られます。

Many《メニ》 different《ディファレント》 kinds《カインズ》 of《オヴ》 creatures《クリーチャズ》 can《キャン》 be《ビー》 seen《スィーン》 in《イン》 satoyamas《サトヤマズ》.

里海とは、人の暮《く》らしと結びついている沿岸海域《えんがんかいいき》のことです。

“Satoumi《サトウミ》” means《ミーンズ》 coastal《コウストル》 areas《エアリアズ》 connected《コネクティド》 to《トゥ》 people’s《ピープルズ》 lives《ライヴズ》.

里海では、漁業が行われます。

In《イン》 satoumis《サトウミズ》, fishing《フィシン(グ)》 takes《テイクス》 place《プレイス》.

●森林　Forests《フォーリスツ》

日本の3分の2は森林におおわれています。

Two《トゥー》-thirds《サーズ》 of《オヴ》 Japan《ヂャパン》 is《イズ》 covered《カヴァド》 with《ウィズ》 forests《フォーリスツ》.

森林にはさまざまな樹木《じゅもく》があります。

There are《ゼアラー》 many《メニ》 varieties《ヴァライエティズ》 of《オヴ》 trees《トゥリーズ》 in《イン》 the《ザ》 forests《フォーリスツ》.

●都道府県　Prefectures《プリーフェクチャズ》

日本には、47の都道府県があります。

Japan《ヂャパン》 has《ハズ》 47《フォーティセヴン》 prefectures《プリーフェクチャズ》 called《コールド》 "to《ト》-do《ドー》-fu《フ》-ken《ケン》."

都道府県は、山脈や川を境《さかい》にわかれていることもあります。

Borders《ボーダズ》 between《ビトウィーン》 prefectures《プリーフェクチャズ》 often《オーフン》 lie《ライ》 along《アローン(グ)》 rivers《リヴァズ》 and《アン(ド)》 mountain《マウンティン》 ranges《レインヂズ》.

●世界自然遺産《いさん》　World《ワールド》 Natural《ナチュラル》 Heritage《ヘリティヂ》 Sites《サイツ》

日本には世界自然遺産《いさん》が5つあります。

Japan《ヂャパン》 has《ハズ》 five《ファイヴ》 World《ワールド》 Natural《ナチュラル》 Heritage《ヘリティヂ》 Sites《サイツ》.

白神山地はブナの原生林で有名です。

Shirakami《シラカミ》-Sanchi《サンチ》 is《イズ》 famous《フェイマス》 for《フォ》 its《イッツ》 primeval《プライミーヴァル》 forest《フォーリスト》 of《オヴ》 Japanese《ヂャパニーズ》 beech《ビーチ》 trees《トゥリーズ》.

屋久島《やくしま》の縄文杉《じょうもんすぎ》は、樹齢《じゅれい》7000年以上と言われます。

The《ザ》 "Jomon《ジョーモン》 Cedar《スィーダ》" in《イン》 Yakushima《ヤクシマ》 is《イズ》 believed《ベリーヴド》 to《トゥ》 be《ビー》 more《モー》 than《ザン》 7,000《セヴンサウザンド》 years《イアズ》 old《オウルド》.

知床《しれとこ》は、知床五湖《ごこ》などの美しい自然で有名です。

Shiretoko《シレトコ》 is《イズ》 famous《フェイマス》 for《フォ》 its《イッツ》 beautiful《ビューティフル》 nature《ネイチャ》 including《インクルーディン(グ)》 the《ザ》 Shiretoko《シレトコ》 Five《ファイブ》 Lakes《レイクス》.

小笠原諸島《おがさわらしょとう》は、多くの生物固有種で有名です。

The《ズィ》 Ogasawara《オガサワラ》 Islands《アイランズ》 are《アー》 famous《フェイマス》 for《フォ》 their《ゼア》 many《メニ》 unique《ユーニーク》 native《ネイティヴ》 species《スピーシーズ》.

●生き物　Living《リヴィン(グ)》 Creatures《クリーチャズ》

冬に温泉《おんせん》につかるニホンザルが世界で人気です。
Japanese《ヂャパニーズ》 monkeys《マンキーズ》 soaking《ソウキン(グ)》 in《イン》 hot《ハッ(ト)》 springs《スプリングス》 in《イン》 winter《ウィンタ》 is《イズ》 a《ア》 world《ワールド》-famous《フェイマス》 image《イミヂ》.

奈良《なら》公園のニホンジカは、神様の使いとされています。
Sika《シカ》 deer《ディア》 at《アッ(ト)》 Nara《ナラ》 Park《パーク》 are《アー》 regarded《リガーディ(ド)》 as《アズ》 messengers《メッセンヂャズ》 of《オヴ》 god《ガッド》.

ニホンモモンガは日本の固有種です。
Japanese《ヂャパニーズ》 dwarf《ドウォーフ》 flying《フライン(グ)》 squirrels《スクワーレルズ》 are《アー》 unique《ユーニーク》 to《トゥ》 Japan《ヂャパン》.

キタキツネは北海道にすんでいます。
Ezo《エゾ》 red《レッド》 foxes《フォックスィズ》 live《リヴ》 in《イン》 Hokkaido《ホッカイドウ》.

トキは絶滅危惧種《ぜつめつきぐしゅ》です。
The《ザ》 toki《トキ》 (Japanese《ヂャパニーズ》 crested《クレスティド》 ibis《アイビス》) is《イズ》 an endangered《アニンデインヂャード》 species《スピーシーズ》.

南部の島々ではサンゴ礁《しょう》が見られます。
We《ウィー》 can《キャン》 see《スィー》 coral《コーラル》 reefs《リーフス》 around《アラウンド》 the《ザ》 southern《サザン》 islands《アイランズ》.

絶滅《ぜつめつ》が心配されているホタルがいます。
There are《ゼアラー》 some《サム》 species《スピーシーズ》 of《オヴ》 fireflies《ファイアフライズ》 at《アッ(ト)》 risk《リスク》 of《オヴ》 extinction《イクスティンクション》.

イリオモテヤマネコは西表島《いりおもてじま》の固有種です。
The《ズィ》 Iriomote《イリオモテ》 wildcats《ワイルドキャッツ》 are《アー》 found《ファウンド》 only《オウンリ》 on《オン》 Iriomote《イリオモテ》 Island《アイランド》.

●草花　Flowers《フラウアズ》

1年を通してさまざまな花が咲《さ》きます。
Various《ヴェアリアス》 flowers《フラウアズ》 bloom《ブルーム》 throughout《スルーアウ(ト)》 the《ザ》 year《イア》.

●もっと知りたい！ 日本紹介《しょうかい》に役立つ英単語

サクラ（春）
cherry《チェリ》 blossoms《ブラサムズ》 (in《イン》 spring《スプリン(グ)》)

ヒマワリ（夏）
sunflowers《サンフラウアズ》 (in《イン》 summer《サマ》)

キク（秋）
chrysanthemums《クリサンセマムス》 (in autumn《イノータム》)

ツバキ（冬）
camellias《カミーリャズ》 (in《イン》 winter《ウィンタ》)

●地震《じしん》と津波《つなみ》　Earthquakes《アースクウェイクス》 and《アン(ド)》 Tsunamis《ツナーミズ》

日本は地震国《じしんこく》として知られています。
Japan《ヂャパン》 is《イズ》 known《ノウン》 as a《アズァ》 land《ランド》 of《オヴ》 many《メニ》 earthquakes《アースクウェイクス》.

昔から何度も地震《じしん》の被害《ひがい》を受けてきました。
We《ウィー》 have《ハヴ》 suffered《サファード》 countless《カウントレス》 earthquakes《アースクウェイクス》 since《スィンス》 ancient《エインシェント》 times《タイムズ》.

家屋には、厳《きび》しい耐震基準《たいしんきじゅん》が設《もう》けられています。
There are《ゼアラー》 strict《ストリクト》 earthquake《アースクウェイク》 resistance《レジスタンス》 standards《スタンダズ》 for《フォ》 housing《ハウジン(グ)》 construction《コンストラクション》.

地震《じしん》によって津波《つなみ》がときどき発生します。
Tsunamis《ツナーミズ》 are《アー》 sometimes《サムタイムズ》 generated《ヂェネレイティド》 by《バイ》 earthquakes《アースクウェイクス》.

「つなみてんでんこ」は、津波《つなみ》から逃《に》げるための標語です。

“Tsunami《ツナーミ》-tendenko《テンデンコ》” is a《イズァ》 catchphrase《キャチフレイズ》 for《フォ》 evacuation《イヴァキュエイション》 when a《(ホ)ウェナ》 tsunami《ツナーミ》 surges《ナーヂィズ》.

「つなみてんでんこ」とは、津波《つなみ》が来たら各自で
ばらばらに高台へと逃《に》げろ、という意味です。
“Tsunami《ツナーミ》-tendenko《テンデンコ》” means《ミーンズ》 that《ザト》 each《イーチ》 person《パースン》 should《シュド》 immediately《イミーディエトリ》 evacuate《イヴァキュエイト》 to《トゥ》 nearby《ニアバイ》 high《ハイ》 ground《グラウンド》 when a《(ホ)ウェナ》 tsunami《ツナーミ》 is《イズ》 coming《カミン(グ)》.

●台風　Typhoons《タイフーンズ》

日本は台風が多いことで知られています。
Japan《ヂャパン》 is《イズ》 known《ノウン》 for《フォ》 having《ハヴィン(グ)》 many《メニ》 typhoons《タイフーンズ》.

台風は春先から秋にかけて発生します。
Typhoons《タイフーンズ》 occur《オカー》 from《フラム》 early《アーリ》 spring《スプリン(グ)》 to《トゥ》 autumn《オータム》.

多くの人が家庭に防災《ぼうさい》グッズを備《そな》えています。
Many《メニ》 people《ピープル》 keep《キープ》 a《ア》 survival《サヴァイヴァル》 kit《キット》 in《イン》 their《ゼア》 home《ホウム》 in《イン》 case《ケイス》 of《オヴ》 disaster《ディザスタ》.

●火山と温泉《おんせん》　Volcanoes《ヴォルケイノウズ》 and《アン(ド)》 Hot《ハッ(ト)》 Springs《スプリングス》

日本には110の活火山があります
There《ゼアラー》 are　110《ワンハンドレドアン(ド)テン》　active《アクティヴ》 volcanoes《ヴォルケイノウズ》 in《イン》 Japan《ヂャパン》.
火山はときどき噴火《ふんか》して、人々に被害《ひがい》を与《あた》えます。
Some《サム》 volcanoes《ヴォルケイノウズ》 erupt《イラプ(ト)》, occasionally《オケイジョナリ》 affecting《アフェクティン(グ)》 the《ザ》 lives《ライヴズ》 of《オヴ》 people《ピープル》 nearby《ニアバイ》.

●もっと知りたい！　日本紹介《しょうかい》に役立つ英単語

桜島《さくらじま》（鹿児島《かごしま》）
Sakurajima《サクラジマ》 (Kagoshima《カゴシマ》)
御嶽山《おんたけさん》（長野／群馬《ぐんま》）
Mt.《マウント》 Ontake《オンタケ》 (Nagano《ナガノ》/Gumma《グンマ》)
浅間山《あさまやま》（長野／群馬《ぐんま》）
Mt.《マウント》 Asama《アサマ》 (Nagano《ナガノ》/Gumma《グンマ》)

温泉《おんせん》は、火山活動の恵《めぐ》みです。
One《ワン》 upside《アプサイド》 of《オヴ》 the《ザ》 volcanic《ヴォルキャニック》 activity《アクティヴィティ》 is《イズ》 the《ズィ》 abundance《アバンダンス》 of《オヴ》 hot《ハッ(ト)》 springs《スプリングス》.
日本には3000以上の温泉《おんせん》があります。
Japan《ヂャパン》 has《ハズ》 more《モー》 than《ザン》 3,000《スリーサウザンド》 hot《ハッ(ト)》 springs《スプリングス》.
日本の有名な温泉地《おんせんち》　famous《フェイマス》 hot《ハッ(ト)》 spring《スプリン(グ)》 resort《リゾート》 areas《エアリアズ》

登別温泉《のぼりべつおんせん》（北海道）
Noboribetsu《ノボリベツ》 Hot《ハッ(ト)》 Spring《スプリン(グ)》 (Hokkaido《ホッカイドウ》)
箱根温泉《おんせん》（神奈川《かながわ》）
Hakone《ハコネ》 Hot《ハッ(ト)》 Spring《スプリン(グ)》 (Kanagawa《カナガワ》)
下呂温泉《げろおんせん》（岐阜《ぎふ》）
Gero《ゲロ》 Hot《ハッ(ト)》 Spring《スプリン(グ)》 (Gifu《ギフ》)
有馬温泉《おんせん》（兵庫《ひょうご》）
Arima《アリマ》 Hot《ハッ(ト)》 Spring《スプリン(グ)》 (Hyogo《ヒョウゴ》)
道後温泉《おんせん》（愛媛《えひめ》）
Dogo《ドーゴ》 Hot《ハッ(ト)》 Spring《スプリン(グ)》 (Ehime《エヒメ》)

(3)「日本のまち」について紹介《しょうかい》してみよう

●大都会　Big《ビッグ》 City《スィティ》

東京は日本最大の都市です。
Tokyo《トウキオ》 is《イズ》 the《ザ》 largest《ラーヂャスト》 city《スィティ》 in《イン》 Japan《ヂャパン》.

東京都の人口は1400万人以上です。
The《ザ》 population《パピュレイション》 of《オヴ》 Tokyo《トウキオ》 is《イズ》 over《オウヴァ》 14《フォーティーン》 million《ミリョン》.

●京都と奈良《なら》　Kyoto《キョウト》 and《アン(ド)》 Nara《ナラ》

京都は昔、約1000年間、日本の都（中心地）でした。
Kyoto《キョウト》 was《ワズ》 the《ザ》 capital《キャピトル》 of《オヴ》 Japan《ヂャパン》 for《フォ》 over《オウヴァ》 1,000《ワンサウザンド》 years《イアズ》.

たくさんの神社や寺があります。
There are《ゼアラー》 many《メニ》 shrines《シュラインズ》 and《アン(ド)》 temples《テンプルズ》.

京都には、古いまち並《な》みが残されています。
Kyoto《キョウト》 retains《リテインズ》 its《イッツ》 old《オウルド》 town《タウン》 atmosphere《アトモスフィア》.

奈良《なら》は京都よりも前に都だった場所です。
Nara《ナラ》 was《ワズ》 the《ザ》 capital《キャピトル》 before《ビフォー》 Kyoto《キョウト》.

●広島と長崎《ながさき》　Hiroshima《ヒロシマ》 and《アン(ド)》 Nagasaki《ナガサキ》

広島と長崎《ながさき》は世界で唯一《ゆいいつ》の被爆《ひばく》都市です。
Hiroshima《ヒロシマ》 and《アン(ド)》 Nagasaki《ナガサキ》 are《アー》 the《ズィ》 only《オウンリ》 cities《スィティズ》 attacked《アタック(ト)》 with《ウィズ》 nuclear《ヌークリア》 weapons《ウェポンズ》.

毎年8月に、広島と長崎《ながさき》で平和記念式典が行われます。
The《ザ》 Peace《ピース》 Memorial《メモーリアル》 Ceremonies《セレモウニズ》 are《アー》 held《ヘルド》 in《イン》 Hiroshima《ヒロシマ》 and《アン(ド)》 Nagasaki《ナガサキ》 every《エヴリ》 August《オーガスト》.

世界中から多くの旅行客が訪《おとず》れます。
Many《メニ》 tourists《トゥ(ア)リスツ》 visit《ヴィズィッ(ト)》 from《フラム》 all《オール》 over《オウヴァ》 the《ザ》 world《ワールド》.

●城《しろ》　Castles《キャスルズ》

日本には城《しろ》がたくさんあります。
There are《ゼアラー》 many《メニ》 castles《キャスルズ》 in《イン》 Japan《ヂャパン》.
姫路城《ひめじじょう》と二条城《にじょうじょう》は世界遺産《いさん》です。
Himeji《ヒメジ》 Castle《キャスル》 and《アン(ド)》 Nijo《ニジョー》 Castle《キャスル》 are《アー》 World《ワールド》 Heritage《ヘリティヂ》 Sites《サイツ》.
お城《しろ》の中心の塔《とう》は「天守閣《てんしゅかく》」と呼《よ》ばれます。
The《ザ》 central《セントラル》 tower《タウア》 of《オヴ》 the《ザ》 castle《キャスル》 is《イズ》 called《コールド》 the《ザ》 “tenshukaku《テンシュカク》.”

●電車　Rail《レイル》 Network《ネトワーク》

電車の路線がよく発達しています
The《ザ》 train《トレイン》 system《スィステム》 is《イズ》 very《ヴェリ》 extensive《イクステンスィヴ》.
毎日数百万人が、東京の山手線《やまのてせん》を利用します。
Several《セヴェラル》 million《ミリョン》 people《ピープル》 use《ユーズ》 the《ザ》 Yamanote《ヤマノテ》 Line《ライン》 in《イン》 Tokyo《トウキオ》
every《エヴリ》 day《デイ》.
ラッシュの時間帯にはとても混《こ》み合います。
Trains《トレインズ》 are《アー》 extremely《イクストリームリ》 crowded《クラウディド》 during《デュアリン(グ)》 rush《ラッシュ》 hour《アウワ》.

●新幹線《しんかんせん》　The《ザ》 Shinkansen《シンカンセン》 Bullet《ブレット》 Train《トレイン》

北海道から九州まで新幹線《しんかんせん》で行くことができます。
You《ユー》 can《キャン》 travel《トラヴェル》 from《フラム》 Hokkaido《ホッカイドウ》 to《トゥ》 Kyushu《キューシュー》 by《バイ》 Shinkansen《シンカンセン》.
新幹線《しんかんせん》の安全さと快適《かいてき》さは、世界中に知られています。
The《ザ》 safety《セイフティ》 and《アン(ド)》 comfort《カンファト》 of《オヴ》 the《ザ》 Shinkansen《シンカンセン》 are《アー》 known《ノウン》
around《アラウンド》 the《ザ》 world《ワールド》.
新幹線《しんかんせん》は時間に正確《せいかく》なこともよく知られています。
The《ザ》 Shinkansen《シンカンセン》 is《イズ》 famous《フェイマス》 for《フォ》 its《イッツ》 punctuality《パンクチュアリティ》, too《トゥー》.
車内販売《はんばい》で弁当《べんとう》や飲み物など、さまざまな商品を販売します。
Vendors《ヴェンダズ》 on《オン》 the《ザ》 train《トレイン》 sell《セル》 a《ア》 variety《ヴァライエティ》 of《オヴ》 goods《グッヅ》 including《インクルーディン(グ)》
lunches《ランチィズ》 and《アン(ド)》 drinks《ドリンクス》.

●買い物　Shopping《シャピン(グ)》

スーパーマーケットは日本や世界の商品を販売《はんばい》しています。
Supermarkets《スーパマーキッツ》 sell《セル》 domestic《ドメスティック》 and《アン(ド)》 foreign《フォーレン》 products《プラダクツ》.

デパ地下での買い物は、外国人観光客にも人気です。
Shopping《シャピン(グ)》 in《イン》 the《ザ》 basement《ベイスメント》 of《オヴァ》 a department《ディパートメント》 store《ストー》 is《イズ》 popular《パピュラ》 among《アマン(グ)》 foreign《フォーレン》 tourists《トゥ(ア)リスツ》, too《トゥー》.

大型販売店《はんばいてん》で家電製品《せいひん》を購入《こうにゅう》できます。
You《ユー》 can《キャン》 buy《バイ》 home《ホウム》 electronics《イレクトラニックス》 at《アッ(ト)》 large《ラーヂ》 electronics《イレクトラニックス》 stores《ストーズ》.

外国の人たちも日本での買い物を楽しんでいます。
Foreigners《フォーレナズ》 enjoy《インヂョイ》 shopping《シャピン(グ)》 in《イン》 Japan《ヂャパン》.

普段《ふだん》の買い物には、身近な商店街も利用されます。
Local《ロウカル》 shopping《シャピン(グ)》 streets《ストリーツ》 are《アー》 used《ユーズド》 for《フォ》 daily《デイリ》 shopping《シャピン(グ)》.

日本のコンビニエンスストアは品ぞろえが豊富《ほうふ》です。
Convenience《コンヴィーニェンス》 stores《ストーズ》 in《イン》 Japan《ヂャパン》 have《ハヴ》 an abundance《アナバンダンス》 of《オヴ》 goods《グッヅ》.

コンビニエンスストアでは、ほとんどの日用品を買うことができます。
We《ウィー》 can《キャン》 buy《バイ》 most《モウスト》 goods《グッヅ》 for《フォ》 daily《デイリ》 use《ユース》 at《アッ(ト)》 convenience《コンヴィーニェンス》 stores《ストーズ》.

おにぎりやドリンク類はコンビニエンスストアの人気商品です。
Rice《ライス》 balls《ボールズ》 and《アン(ド)》 beverages《ベヴァリヂィズ》 are《アー》 popular《パピュラ》 convenience《コンヴィーニェンス》 store《ストー》 fare《フェア》.

最近では100円均一《きんいつ》ショップも人気です。
100《ワンハンドレド》 yen《イェン》 shops《シャップス》 are《アー》 becoming《ビカミン(グ)》 popular《パピュラ》 recently《リースントリ》.

ほとんどの商品が100円で購入《こうにゅう》できます。
Most《モウスト》 products《プラダクツ》 can《キャン》 be《ビー》 purchased《パーチェス(ト)》 with《ウィズ》 100《ワンハンドレド》 yen《イェン》.

その商品には、驚《おどろ》くほど品質《ひんしつ》のよいものがあります！
And《アン(ド)》 the《ザ》 merchandise《マーチャンダイズ》 is《イズ》 surprisingly《サプライズィングリ》 high《ハイ》 quality《クワリティ》!

(4)「日本の暮《く》らし」について紹介《しょうかい》してみよう

●あいさつ　Greeting《グリーティン(グ)》

おじぎは伝統的《でんとうてき》な挨拶《あいさつ》です。

Bowing《バウイン(グ)》 is a《イズァ》 traditional《トラディショナル》 greeting《グリーティン(グ)》 in《イン》 Japan《ヂャパン》.

おじぎは、相手に対する尊敬《そんけい》の気持ちを表します。

Bowing《バウイン(グ)》 shows《ショウズ》 respect《リスペクト》 to《トゥ》 others《アザズ》.

おじぎの角度は状況《じょうきょう》によってかわります。

The《ズィ》 angle《アングル》 of《オヴ》 the《ザ》 bow《バウ》 depends《ディペンズ》 on《オン》 the《ザ》 situation《スィチュエイション》.

会釈《えしゃく》(軽い挨拶《あいさつ》) 約15°

slight《スライト》 bow《バウ》 (casual《キャジュアル》 greeting《グリーティン(グ)》) – 15《フィフティーン》 degrees《ディグリーズ》

敬礼《けいれい》(普通《ふつう》の挨拶《あいさつ》) 約30°

medium《ミーディアム》 bow《バウ》 (normal《ノーマル》 greeting《グリーティン(グ)》) – 30《サーティ》 degrees《ディグリーズ》

最敬礼《さいけいれい》(最上の敬礼) 約45°

deep《ディープ》 bow《バウ》 (formal《フォーマル》 greeting《グリーティン(グ)》) – 45《フォーティファイヴ》 degrees《ディグリーズ》

おじぎは、いろいろな場合に使えます。

Bowing《バウイン(グ)》 can《キャン》 be《ビー》 used《ユーズド》 in《イン》 various《ヴェアリアス》 situations《スィチュエイションズ》.

朝のあいさつ:「おはようございます」

morning《モーニン(グ)》 greeting《グリーティン(グ)》 – “Good《グッ(ド)》 morning《モーニン(グ)》.”

初めて会ったとき:「こんにちは、はじめまして」

first《ファースト》 meeting《ミーティン(グ)》 of《オヴ》 the《ザ》 day《デイ》 – “Hello《ヘロウ》, Nice《ナイス》 to《トゥ》 meet you《ミーチュー》.”

お礼を言うとき:「ありがとうございます」

expressing《イクスプレスィン(グ)》 appreciation《アプリーシエイション》 – “Thank you《サンキュー》.”

(その日) 人と別れるとき:「さようなら」

saying《セイイン(グ)》 good-bye《グドバイ》 – “Good-bye《グドバイ》.”

謝《あやま》るとき:「すみません」

apologizing《アパロヂャイズィン(グ)》 – “I《アイ》 am《アム》 sorry《サリ》.”

●春の行事　Events《イヴェンツ》 in《イン》 Spring《スプリン(グ)》

3月3日は「ひな祭り」の日です。

The《ザ》 Girls'《ガールズ》 Festival《フェスティヴァル》 is《イズ》 on《オン》 March《マーチ》 3rd《サード》.

ひな人形とごちそうで、女の子のすこやかな成長を願います。

We《ウィー》 celebrate《セレブレイト》 girls'《ガールズ》 healthy《ヘルスィ》 growth《グロウス》 by《バイ》 displaying《ディスプレイイン(グ)》 "Hina《ヒナ》" dolls《ダルズ》 and《アン(ド)》 eating《イーティン(グ)》 special《スペシャル》 dishes《ディシュイズ》.

学校や会社は、4月に新年度が始まります。

Schools《スクールズ》 and《アン(ド)》 companies《カンパニズ》 start《スタート》 their《ゼア》 fiscal《フィスカル》 year《イア》 in April《イネイプリル》.

5月5日の端午《たんご》の節句《せっく》は男の子の祭です。

The《ザ》 Boys'《ボイズ》 Festival《フェスティヴァル》 is《イズ》 on《オン》 May《メイ》 5th《フィフス》.

男の子のいる家庭では、こいのぼりをあげます。

Families《ファミリズ》 with《ウィズ》 boys《ボイズ》 put《プッ(ト)》 up《アップ》 "Koinobori《コイノボリ》" carp《カープ》 streamers《ストリーマズ》 outside《アウトサイド》.

家のなかには、五月人形やよろいかぶとを飾《かざ》ります。

Inside《インサイド》 we《ウィー》 display《ディスプレイ》 samurai《サムライ》 dolls《ダルズ》 and《アン(ド)》 sets《セッツ》 of《オヴ》 samurai《サムライ》 armor《アーマ》.

●夏の行事　Events《イヴェンツ》 in《イン》 Summer《サマ》

7月7日に七夕《たなばた》を祝います。

On《オン》 July《ヂュライ》 7th《セヴンス》, we《ウィー》 celebrate《セレブレイト》 the《ザ》 Star《スター》 Festival《フェスティヴァル》.

願いを書いた短冊《たんざく》を、ササにつるす風習があります。

We《ウィー》 have a《ハヴァ》 custom《カスタム》 to《トゥ》 hang《ハング》 "tanzaku《タンザク》" boards《ボーズ》 with《ウィズ》 writing《ライティン(グ)》 wishes《ウィッシュイズ》 on《オン》 bamboo《バンブー》.

盆《ぼん》は、先祖《せんぞ》の霊《れい》をまねく仏教《ぶっきょう》の行事です。

In《イン》 the《ザ》 Buddhist《ブーディスト》 tradition《トラディション》 of《オヴ》 "Obon《オボン》," we《ウィー》 welcome《ウェルカム》 the《ザ》 spirits《スピリッツ》 of《オヴ》 our《アウワ》 ancestors《アンセスタズ》.

夏には全国各地で花火大会があります

There are《ゼアラー》 many《メニ》 "hanabi《ハナビ》" firework《ファイアワーク》 festivals《フェスティヴァルズ》 around《アラウンド》 the《ザ》 country《カウントリ》 in《イン》 summer《サマ》.

●秋の行事　Events《イヴェンツ》 in《イン》 Autumn《オータム》

9月中旬《ちゅうじゅん》に十五夜を祝います。

In《イン》 mid《ミッ(ド)》-September《セプテンバ》, we《ウィー》 celebrate《セレブレイト》 the《ザ》 harvest《ハーヴィスト》 moon《ムーン》.

お月見にはすすきや団子《だんご》を供《そな》えます。

We《ウィー》 make《メイク》 offerings《オーファリングス》 of《オヴ》 pampas《パンパス》 grass《グラス》 and《アン(ド)》 dumplings《ダンプリングス》 when《(ホ)ウェン》 viewing《ヴューイン(グ)》 the《ザ》 moon《ムーン》.

11月中旬《ちゅうじゅん》には、「七五三」を祝って寺社に参拝《さんぱい》します。

In《イン》 mid《ミッ(ド)》-November《ノウヴェンバ》, people《ピープル》 visit《ヴィズィット》 temples《テンプルズ》 or《オー》 shrines《シュラインズ》 for《フォ》 “Shichi《シチ》-go《ゴ》-san《サン》.”

「七五三」とは7歳《さい》、5歳、3歳の子どものすこやかな成長を願う行事です。

This《ズィス》 event《イヴェント》 celebrates《セレブレイツ》 the《ザ》 healthy《ヘルスィ》 growth《グロウス》 of《オヴ》 children《チルドレン》 aged《エイヂド》 7《セヴン》, 5《ファイブ》 and《アン(ド)》 3《スリー》 years《イアズ》 old《オウルド》.

●冬の行事　Events《イヴェンツ》 in《イン》 Winter《ウィンタ》

大みそかに、寺で除夜《じょや》の鐘《かね》をつきます。

On《オン》 New《ニュー》 Year's《イアズ》 Eve《イーヴ》, we《ウィー》 ring《リング》 temple《テンプル》 bells《ベルズ》.

正月の準備《じゅんび》として、もちつきを行います。

To《トゥ》 prepare《プリペア》 for《フォ》 the《ザ》 New《ニュー》 Year《イア》, we《ウィー》 do《ドゥー》 “mochitsuki《モチツキ》,” pounding《パウンディン(グ)》 rice《ライス》 to《トゥ》 make《メイク》 rice《ライス》 cakes《ケイクス》.

元日には多くの人が、社寺へ初詣《はつもうで》をします。

On《オン》 New《ニュー》 Year's《イアズ》 Day《デイ》, many《メニ》 people《ピープル》 come《カム》 to《トゥ》 pray《プレイ》 at《アッ(ト)》 shrines《シュラインズ》 and《アン(ド)》 temples《テンプルズ》. This《ズィス》 is《イズ》 called《コールド》 “Hatsumode《ハツモウデ》.”

特別な正月料理として「おせち」を食べます。

We《ウィー》 eat《イート》 “osechi《オセチ》,” special《スペシャル》 New《ニュー》 Year's《イアズ》 food《フード》.

年賀状《ねんがじょう》を送りあいます。

We《ウィー》 send《センド》 each《イーチ》 other《アザ》 New《ニュー》 Year's《イアズ》 cards《カーズ》.

●日本の家　Japanese《ヂャパニーズ》 house《ハウス》

くつは玄関《げんかん》でぬぎ、そろえておきます。

We《ウィー》 take《テイク》 off《オフ》 our《アウワ》 shoes《シューズ》 in《イン》 the《ズィ》 entryway《エントリウェイ》 and《アン(ド)》 place《プレイス》 them《ゼム》 neatly《ニートリ》 side《サイド》 by《バイ》 side《サイド》.

和室にはたたみがしかれています。

Japanese《ヂャパニーズ》 style《スタイル》 rooms《ルームズ》 have《ハヴ》 "tatami"《タタミ》 mat《マット》 floors《フローズ》.

和室ではたたみの上にふとんをしいて眠《ねむ》ります。

We《ウィー》 lay《レイ》 out《アウト》 futons《フトンズ》 on《オン》 the《ザ》 floor《フロー》 of《オヴ》 Japanese《ヂャパニーズ》 rooms《ルームズ》 to《トゥ》 sleep《スリープ》.

ふとんはたたんで、押入《おしい》れにしまいます。

During《デュアリン(グ)》 the《ザ》 day《デイ》, we《ウィー》 fold《フォウルド》 the《ザ》 futons《フトンズ》 and《アン(ド)》 store《ストー》 them《ゼム》 in《イン》 closets《クラズィッツ》.

たたみはイグサとワラでできています。

Tatami《タタミ》 mats《マッツ》 are《アー》 made《メイド》 of《オヴ》 rush《ラッシュ》 and《アン(ド)》 straw《ストロー》.

たたみは吸湿性《きゅうしつせい》や保温《ほおん》にすぐれた床材《ゆかざい》です。

Tatami《タタミ》 mat《マット》 floors《フローズ》 absorb《アブソーブ》 extra《エクストラ》 moisture《モイスチャ》 and《アン(ド)》 serve《サーヴ》 as《アズ》 thermal《サーマル》 insulation《インスレイション》.

●もっと知りたい！ 日本紹介《しょうかい》に役立つ英単語

障子《しょうじ》	かけ軸《じく》	床《とこ》の間	押入《おしい》れ
sliding《スライディン(グ)》 paper《ペイパ》 door《ドー》	hanging《ハンギン(グ)》 scroll《スクロウル》	alcove《アルコウヴ》	closet《クラズィ(ト)》

●風呂《ふろ》　Bathroom《バスルーム》

浴槽《よくそう》は体全体をお湯にひたすことができます。

Japanese《ヂャパニーズ》 bathtubs《バスタブス》 are《アー》 deep《ディープ》. You《ユー》 can《キャン》 soak《ソウク》 your《ユア》 whole《ホウル》 body《バディ》.

●銭湯《せんとう》　Sento《セントー》: Japanese《ヂャパニーズ》 public《パブリック》 bath《バス》

銭湯《せんとう》は、数百円で楽しめる公衆浴場《こうしゅうよくじょう》です。

A《ア》 "sento"《セントー》 is a《イズァ》 public《パブリック》 bath《バス》. Entrance《エントランス》 costs《コスツ》 a《ア》 few《フュー》 hundred《ハンドレド》 yen《イェン》.

伝統的《でんとうてき》な日本建築《けんちく》の銭湯《せんとう》や、ビルのなかの銭湯《せんとう》もあります。

Sentos《セントーズ》 can《キャン》 be《ビー》 found《ファウンド》 in《イン》 both《ボウス》 traditional《トラディショナル》 and《アン(ド)》 modern《マダン》 buildings《ビルディングス》.

●トイレ　Toilet《トイリッ(ト)》

温水洗浄便座《せんじょうべんざ》は日本で幅《はば》広く使われています。

The《ザ》 bidet《ビデイ》-toilet《トイリッ(ト)》 is《イズ》 widely《ワイドリ》 used《ユーズド》 in《イン》 Japan《ヂャパン》.

日本には駅や公園に無料の公衆《こうしゅう》トイレがあります。

There are《ゼアラー》 free《フリー》 public《パブリック》 toilets《トイリッツ》 in《イン》 train《トレイン》 stations《ステイションズ》 and《アン(ド)》 parks《パークス》.

●警察《けいさつ》と交番　Police《ポリース》 and《アン(ド)》 Koban《コウバン》

日本の警察《けいさつ》は世界でも信頼性《しんらいせい》が高いといわれます。

Japanese《ヂャパニーズ》 police《ポリース》 are《アー》 among《アマン(グ)》 the《ザ》 most《モウスト》 trusted《トラスティド》 in《イン》 the《ザ》 world《ワールド》.

交番は、日本で独自《どくじ》に発達したものです。

Koban《コウバン》 police《ポリース》 boxes《バックスィズ》 are《アー》 a《ア》 Japanese《ヂャパニーズ》 invention《インヴェンション》.

近年では、ほかの国でも交番のシステムが取り入れられています。

Recently《リースントリ》, the《ザ》 koban《コウバン》 system《スィステム》 is《イズ》 being《ビーイン(グ)》 introduced《イントロドゥース(ト)》 in《イン》 other《アザ》 countries《カウントリズ》.

●安全・清潔《せいけつ》な日本　Safe《セイフ》 and《アン(ド)》 Clean《クリーン》 Japan《ヂャパン》

大都市の犯罪《はんざい》の発生率《はっせいりつ》は世界と比《くら》べて低いです。

The《ザ》 crime《クライム》 rate《レイト》 in《イン》 big《ビッグ》 cities《スィティズ》 is《イズ》 among《アマン(グ)》 the《ザ》 lowest《ロウエスト》 in《イン》 the《ザ》 world《ワールド》.

夜遅《おそ》くの地下鉄でも、ひとりで安心して乗車できます。

Anyone《エニワン》 can《キャン》 ride《ライド》 the《ザ》 subway《サブウェイ》 alone《アローン》 even《イーヴン》 late《レイト》 at《アッ(ト)》 night《ナイト》 without《ウィザウト》 fear《フィア》.

落とし物はきちんと警察《けいさつ》に届《とど》けます。

When《(ホ)ウェン》 Japanese《ヂャパニーズ》 people《ピープル》 find《ファインド》 someone《サムワン》 else's《エルスィズ》 lost《ロウスト》 property《プラパティ》, they《ゼイ》 deliver《ディリヴァ》 it《イッ(ト)》 to《トゥ》 the《ザ》 police《ポリース》 faithfully《フェイスフリ》.

都会でも田舎《いなか》でも、まちは清潔《せいけつ》だといわれます。

Both《ボウス》 urban《アーバン》 and《アン(ド)》 suburban《サバーバン》 areas《エアリアズ》 are《アー》 renowned《リナウンド》 for《フォ》 their《ゼア》 cleanliness《クレンリネス》.

(5)「日本の食べ物」について紹介《しょうかい》してみよう

●世界で知られる日本食 Worldwide《ワールドワイド》 Japanese《ヂャパニーズ》 Food《フード》

寿司《すし》、てんぷら、すきやきは世界的に有名な日本食です。
Japanese《ヂャパニーズ》 food《フード》 such《サッチ》 as《アズ》 sushi《スシ》, tempura《テンプラ》 and《アン(ド)》 sukiyaki《スキヤキ》 are《アー》 known《ノウン》 worldwide《ワールドワイド》.

寿司《すし》はお酢《す》を混《ま》ぜたごはんのうえに生魚などを乗せたものです。
Sushi《スシ》 is《イズ》 made《メイド》 of《オヴ》 rice《ライス》 flavored《フレイヴァド》 with《ウィズ》 vinegar《ヴィニガ》 and《アン(ド)》 combined《コンバインド》 with《ウィズ》 raw《ロー》 fish《フィッシュ》 or《オー》 other《アザ》 toppings《タピングス》.

寿司《すし》を食べるときはネタにしょうゆをつけて一口で食べます。
When《(ホ)ウェン》 eating《イーティン(グ)》 sushi《スシ》, we《ウィー》 dip《ディップ》 the《ザ》 topping《タピン(グ)》 in《イン》 soy《ソイ》 sauce《ソース》 and《アン(ド)》 eat《イート》 the《ザ》 whole《ホウル》 thing《スィン(グ)》 in《イン》 one《ワン》 bite《バイト》.

●もっと知りたい！ 日本紹介《しょうかい》に役立つ英単語

マグロ	イカ	エビ	トロ	イクラ	ウニ
tuna《トゥーナ》	squid《スクウィッド》	prawn《プローン》	fatty《ファティ》 tuna《トゥーナ》	salmon《サーモン》 roe《ロウ》	sea《スィー》 urchin《アーチン》

てんぷらは衣《ころも》をつけた野菜や魚介類《ぎょかいるい》を高温の油で揚《あ》げたものです。
Tempura《テンプラ》 are《アー》 vegetables《ヴェヂタブルズ》 and《アン(ド)》 seafood《スィーフード》 dipped《ディップ(ト)》 in《イン》 batter《バター》 and《アン(ド)》 deep《ディープ》 fried《フライド》.

すきやきは、なべ料理の一種です。
Sukiyaki《スキヤキ》 is a《イズァ》 kind《カインド》 of《オヴ》 "hot《ハット》 pot《パット》" dish《ディッシュ》.

牛肉や野菜を入れてなべで煮《に》ます。
Beef《ビーフ》 and《アン(ド)》 vegetables《ヴェヂタブルズ》 are《アー》 boiled《ボイルド》 in《イン》 sauce《ソース》 in a《イナ》 pot《パット》.

よく生卵《なまたまご》につけて食べます。
We《ウィー》 usually《ユージュアリー》 dip《ディップ》 the《ザ》 boiled《ボイルド》 meat《ミート》 and《アン(ド)》 vegetables《ヴェヂタブルズ》 in《イン》 raw《ロー》 egg《エッグ》 before《ビフォー》 eating《イーティン(グ)》.

●懐石料理《かいせき》　Kaiseki《カイセキ》 Cuisine《クウィズィーン》

懐石料理《かいせき》は伝統的《でんとうてき》な日本食文化のひとつの形です。

Kaiseki《カイセキ》 cuisine《クウィズィーン》 is a《イズァ》 formal《フォーマル》 style《スタイル》 of《オヴ》 traditional《トラディショナル》 Japanese《ヂャパニーズ》 dining.《ダイニン(グ)》

もともとは茶の湯に招《まね》いたお客様をもてなす料理でした。

It《イッ(ト)》 was《ワズ》 originally《オリヂナリ》 served《サーヴド》 to《トゥ》 guests《ゲスツ》 at a《アタ》 tea《ティー》-ceremony.《セレモウニ》

懐石料理《かいせき》の精神《せいしん》は、「おもてなし」です。

The《ズィ》 essence《エスンス》 of《オヴ》 Kaiseki《カイセキ》 cuisine《クウィズィーン》 is《イズ》 hospitality.《ハスピタリティ》

懐石料理《かいせき》の基本《きほん》は、一汁《いちじゅう》三菜です。

The《ザ》 basis《ベイスィス》 for a《フォ(ァ)ラ》 Kaiseki《カイセキ》 meal《ミール》 is《イズ》 “one《ワン》 soup《スープ》 and《アン(ド)》 three《スリー》 dishes.”《ディシュイズ》

一汁《いちじゅう》三菜は、言い換《か》えれば、ごはんに汁《しる》一品と料理三品をそえたものです。

In other《イナザ》 words,《ワーズ》 a《ア》 bowl《ボウル》 of《オヴ》 soup,《スープ》 a《ア》 bowl《ボウル》 of《オヴ》 rice,《ライス》 and《アン(ド)》 three《スリー》 simple《スィンプル》 vegetable,《ヴェヂタブル》 meat《ミート》 or《オー》 fish《フィッシュ》 dishes.《ディシュイズ》

●食事マナー　Dining《ダイニン(グ)》 Etiquette《エティケト》

食事には、主に箸《はし》を使います。

We《ウィー》 eat《イート》 most《モウスト》 Japanese《ヂャパニーズ》 dishes《ディシュイズ》 with《ウィズ》 chopsticks.《チャプスティックス》

洋食を食べるときに、ナイフやフォークも使います。

We《ウィー》 use《ユーズ》 knives《ナイヴズ》 and《アン(ド)》 forks《フォークス》 also《オールソウ》 to《トゥ》 eat《イート》 Western《ウェスタン》 style《スタイル》 dishes.《ディシュイズ》

食事を食べる前に「いただきます」と言います。

We《ウィー》 say《セイ》 “itadakimasu”《イタダキマス》 before《ビフォー》 eating.《イーティン(グ)》

食事を食べ終わったら「ごちそうさま」と言います。

We《ウィー》 say《セイ》 “gochisosama”《ゴチソウサマ》 after《アフタ》 eating.《イーティン(グ)》

「いただきます」と「ごちそうさま」は、食事への感謝《かんしゃ》を表します。

“Itadakimasu”《イタダキマス》 and《アン(ド)》 “gochisosama”《ゴチソウサマ》 show《ショウ》 appreciation《アプリーシエイション》 for《フォ》 the《ザ》 meal.《ミール》

●行事食　Seasonal《スィーズナル》 Event《イヴェント》 Food《フード》

季節の行事のための特別な食事があります。

There are《ゼアラー》 special《スペシャル》 meals《ミールズ》 for《フォ》 every《エヴリ》 seasonal《スィーズナル》 event《ヴェント》.

正月（1月）には、おせち料理を食べます。

In《イン》 January《ヂャニュエリ》 we《ウィー》 eat《イート》 "osechi,"《オセチ》 special《スペシャル》 dishes《ディシュイズ》 for《フォ》 the《ザ》 New《ニュー》 Year《イア》.

おせち料理の材料にはそれぞれ意味があります。

Each《イーチ》 ingredient《イングリーディエント》 of《オヴ》 osechi《オセチ》 has a《ハズァ》 meaning《ミーニン(グ)》.

黒豆：健康と長寿《ちょうじゅ》

Black《ブラック》 beans《ビーンズ》 mean《ミーン》 health《ヘルス》 and《アン(ド)》 longevity《ランヂェヴィティ》.

タケノコ：運勢《うんせい》がのびる

Bamboo《バンブー》 shoots《シューツ》 mean《ミーン》 good《グッド》 fortune《フォーチュン》.

かずのこ：子孫繁栄《しそんはんえい》

Herring《ヘリン(グ)》 roe《ロウ》 means《ミーンズ》 fertility《ファーティリティ》.

エビ：長寿《ちょうじゅ》

Shrimp《シュリンプ》 means《ミーンズ》 longevity《ランヂェヴィティ》.

「ひな祭り」（3月）には、小つぶでカラフルなひなあられなどを食べます。

In《イン》 March《マーチ》, we《ウィー》 eat《イート》 "hina《ヒナ》-arare,"《アラレ》 cute《キュー(ト)》, colored《カラド》 rice《ライス》 crackers《クラカズ》 for《フォ》 the《ザ》 Girls'《ガールズ》 Festival《フェスティヴァル》.

端午《たんご》の節句《せっく》（5月）にはかしわもちなどを食べます。

In《イン》 May《メイ》, we《ウィー》 eat《イート》 "kashiwamochi,"《カシワモチ》 rice《ライス》 cakes《ケイクス》 wrapped《ラップ(ト)》 in《イン》 oak《オーク》 leaves《リーヴズ》 for《フォ》 the《ザ》 Boys'《ボイズ》 Festival《フェスティヴァル》.

大みそか（12月31日）には年越《としこ》しそばを食べます。

On《オン》 New《ニュー》 Year's《イアズ》 Eve《イーヴ》, we《ウィー》 eat《イート》 year《イア》-crossing《クロースィン(グ)》 soba《ソバ》 noodles《ヌードルズ》.

●もっと知りたい！　日本紹介《しょうかい》に役立つ英単語

うなぎ Ele《イール》	みそ汁《しる》 miso《ミソ》-soup《スープ》	魚の干物《ひもの》 dried《ドライド》 fish《フィッシュ》
うめぼし Pickling《ピクリン(グ)》 plum《プラム》	かき Oyster《オイスタ》	かんぴょう dried《ドライド》 gourd《ゴード》

●だし・みそ・しょうゆ Dashi《ダシ》, Miso《ミソ》 and《アン(ド)》 Soy《ソイ》 Sauce《ソース》

だしは、日本料理の基礎《きそ》として使われるスープです。
Dashi《ダシ》 is《イズ》 the《ザ》 basic《ベイスィック》 soup《スープ》 stock《スタック》 used《ユーズド》 throughout《スルーアウ(ト)》 Japanese《ヂャパニーズ》 cuisine《クウィズィーン》.

だしの秘密《ひみつ》は、うま味成分が含《ふく》まれていることです。
The《ザ》 secret《スィークレト》 of《オヴ》 dashi《ダシ》 is《イズ》 “umami《ウマミ》” flavor《フレイヴァ》.

だしのうま味のもとは3種類あります。
Dashi《ダシ》 includes《インクルーズ》 three《スリー》 different《ディファレント》 umami《ウマミ》 acids《アスィッズ》.

コンブ：グルタミン酸《さん》
kelp《ケルプ》: glutamic《グルタミック》 acid《アスィッド》
かつお節：イノシン酸《さん》
dried《ドライド》 bonito《ボニートウ》: inosinic《イノスィニク》 acid《アスィッド》
干《ほ》しシイタケ：グアニル酸《さん》
dried《ドライド》 shiitake《シイタケ》: guanylic《グアニリク》 acid《アスィッド》

みそとしょうゆは、日本食の重要な調味料です。
“Miso《ミソ》” bean《ビーン》 paste《ペイスト》 and《アン(ド)》 soy《ソイ》 sauce《ソース》 are《アー》 important《インポータント》 seasonings《スィーズニングス》 for《フォ》 Japanese《ヂャパニーズ》 food《フード》.

みそとしょうゆは大豆からつくられています。
Miso《ミソ》 and《アン(ド)》 soy《ソイ》 sauce《ソース》 are《アー》 made《メイド》 from《フラム》 soybeans《ソイビーンズ》.

だし、みそ、しょうゆが、食材のもち味を引き出します。
Dashi《ダシ》, miso《ミソ》 and《アン(ド)》 soy《ソイ》 sauce《ソース》 bring《ブリング》 out《アウ(ト)》 the《ザ》 flavors《フレイヴァズ》 of《オヴ》 the《ズィ》 ingredients《イングリーディエンツ》 in each《イニーチ》 dish《ディシュ》.

●保存食《ほぞんしょく》 Preserved《プリザーヴド》 Food《フード》

つけものは、代表的な保存食《ほぞんしょく》です。
“Tsukemono《ツケモノ》,” Japanese《ヂャパニーズ》 pickles《ピクルス》 are《アー》 one《ワン》 typical《ティピカル》 preserved《プリザーヴド》 food《フード》.

つけものは野菜を塩やしょうゆなどでつけたものです。
Tsukemono《ツケモノ》 are《アー》 vegetables《ヴェヂタブルズ》 pickled《ピクルド》 in《イン》 salt《ソールト》 or《オー》 soy《ソイ》 sauce《ソース》.

●日本独自《どくじ》の食品　Japan's《ヂャパンズ》 Original《オリヂヌル》 Food《フード》

ノリ、豆腐《とうふ》、納豆《なっとう》は、日本独自《どくじ》の食品です。
Laver《ラーヴァ》 (seaweed《スィーウィード》), tofu《トウフー》 and《アン(ド)》 natto《ナトウ》 are《アー》 all《オール》 original《オリヂヌル》 to《トゥ》 Japan《ヂャパン》.

ノリ、豆腐《とうふ》、納豆《なっとう》は、植物素材《そざい》の食品です。
Laver《ラーヴァ》, tofu《トウフー》 and《アン(ド)》 natto《ナトウ》 are《アー》 all《オール》 made《メイド》 from《フラム》 plants《プランツ》.

ノリは、海藻《かいそう》からつくられます。
“Nori《ノリ》” (laver《ラーヴァ》) is《イズ》 made《メイド》 from《フラム》 seaweed《スィーウィード》.

豆腐《とうふ》と納豆《なっとう》は大豆の加工食品です。
Tofu《トウフー》 and《アン(ド)》 natto《ナトウ》 are《アー》 produced《プロドゥース(ト)》 by《バイ》 processing《プラセスィン(グ)》 soybeans《ソイビーンズ》.

ノリは、寿司《すし》などに使われます。
Laver《ラーヴァ》 is《イズ》 used《ユーズド》 for《フォ》 making《メイキン(グ)》 sushi《スシ》 and《アン(ド)》 other《アザ》 dishes《ディシュィズ》.

豆腐《とうふ》はさまざまな料理に使われます。
Tofu《トウフー》 is《イズ》 used《ユーズド》 for《フォ》 various《ヴェアリアス》 dishes《ディシュィズ》.

納豆《なっとう》はごはんとともによく食べられます。
Natto《ナトウ》 is《イズ》 usually《ユージュアリ》 eaten《イートン》 with《ウィズ》 rice《ライス》.

●和菓子《わがし》　Japanese《ヂャパニーズ》 Sweets《スウィーツ》

和菓子《わがし》は伝統的《でんとうてき》な製法《せいほう》でつくられる菓子《かし》です。
“Wagashi《ワガシ》” are《アー》 Japanese《ヂャパニーズ》 confectioneries《カンフェクショナリズ》 made《メイド》 in《イン》 the《ザ》 traditional《トラディショナル》 way《ウェイ》.

和菓子《わがし》は茶の湯で出される菓子として発達しました。
Japanese《ヂャパニーズ》 confectioneries《カンフェクショナリズ》 were《ワー》 developed《ディヴェロプ(ト)》 as《アズ》 sweets《スウィーツ》 to《トゥ》 be《ビー》 served《サーヴド》 during《デュアリン(グ)》 the《ザ》 tea《ティー》-ceremony《セレモウニ》.

和菓子《わがし》は、季節に応《おう》じた商品がつくられます。
Various《ヴェアリアス》 wagashi《ワガシ》 are《アー》 made《メイド》 for《フォ》 each《イーチ》 season《スィーズン》.

和菓子《わがし》は職人《しょくにん》がひとつひとつ手づくりします。
Artisan《アーティズン》 chefs《シェフス》 craft《クラフト》 each《イーチ》 confectionery《カンフェクショナリ》 by《バイ》 hand《ハンド》.

●世界で知られる日本の麺《めん》

World《ワールド》 Famous《フェイマス》 Japanese《ヂャパニーズ》 Noodles《ヌードルズ》

うどんとそばは、日本の代表的な麺《めん》です。

Udon《ウドン》 and《アン(ド)》 soba《ソバ》 are《アー》 typical《ティピカル》 Japanese《ヂャパニーズ》 noodles《ヌードルズ》.

うどんは、小麦粉でつくられた白い麺《めん》です。

Udon《ウドン》 is a《イズァ》 white《(ホ)ワイト》 noodle《ヌードル》 made《メイド》 from《フラム》 wheat《(ホ)ウィート》 flour《フラウア》.

そばは、そば粉からつくられた白や灰色《はいいろ》の麺《めん》です。

Soba《ソバ》 is a《イズァ》 white《(ホ)ワイト》 or《オー》 gray《グレイ》 noodle《ヌードル》 made《メイド》 with《ウィズ》 buckwheat《バク(ホ)ウィート》 flour《フラウア》.

秋田県や香川《かがわ》県がうどんの産地として有名です。

Akita《アキタ》 (Prefecture《プリーフェクチャ》) and《アン(ド)》 Kagawa《カガワ》 Prefecture《プリーフェクチャ》 are《アー》 famous《フェイマス》 for《フォ》 udon《ウドン》.

北海道や長野県はそばの産地です。

Hokkaido《ホッカイドウ》 and《アン(ド)》 Nagano《ナガノ》 Prefecture《プリーフェクチャ》 are《アー》 top《タッ(プ)》 producers《プロドゥーサズ》 of《オヴ》 soba《ソバ》.

●弁当《べんとう》 “Bento《ベントウ》”: Box《バックス》 Lunches《ランチィズ》

昔から、外出するときに弁当《べんとう》を持参する習慣《しゅうかん》があります。

Taking《テイキン(グ)》 a《ア》 bento《ベントウ》 when《(ホ)ウェン》 going《ゴウイン(グ)》 out《アウ(ト)》 is a《イズァ》 long《ローング》-standing《スタンディン(グ)》 Japanese《ヂャパニーズ》 custom《カスタム》.

弁当《べんとう》は、おにぎりから発展《はってん》しました。

The《ザ》 portable《ポータブル》 meal《ミール》 bento《ベントウ》 tradition《トラディション》 evolved《エヴァルヴド》 from《フラム》 rice《ライス》 balls《ボールズ》.

手づくり弁当《べんとう》以外に、スーパーやコンビニの弁当《べんとう》も人気です。

Handmade《ハンドメイド》 bentos《ベントウズ》 as《アズ》 well《ウェル》 as《アズ》 those《ゾウズ》 sold《ソウルド》 at《アッ(ト)》 supermarkets《スーパマーキッツ》 and《アン(ド)》 convenience《コンヴィーニェンス》 stores《ストーズ》 are《アー》 popular《パピュラ》.

運動会やピクニックなどのイベントで弁当《べんとう》を食べます。

We《ウィー》 eat《イート》 bento《ベントウ》 at《アッ(ト)》 events《イヴェンツ》 such《サッチ》 as《アズ》 athletic《アスレティック》 festivals《フェスティヴァルズ》 or《オー》 picnics《ピクニックス》.

日本の弁当《べんとう》文化が世界から注目されています。

Japanese《ヂャパニーズ》 bento《ベントウ》 culture《カルチャ》 is《イズ》 gaining《ゲイニン(グ)》 attention《アテンション》 around《アラウンド》 the《ザ》 world《ワールド》.

弁当箱《べんとうばこ》も評判《ひょうばん》になりつつあります。

Bento《ベントウ》 boxes《バックスィズ》 themselves《ゼムセルヴズ》 are《アー》 also《オールソウ》 increasingly《インクリースィングリ》 admired《アドマイアド》.

(6)「日本の文化・スポーツ」について紹介《しょうかい》してみよう

●寺　Temples《テンプルズ》

寺には仏像《ぶつぞう》がまつられています。

Statues《スタチューズ》 of《オヴ》 Buddha《ブダ》 are《アー》 enshrined《インシュラインド》 in《イン》 temples《テンプルズ》.

いろいろな建物や庭、美術品《びじゅつひん》が見られます。

We《ウィー》 can《キャン》 see《スィー》 various《ヴェアリアス》 buildings《ビルディングス》, gardens《ガードンズ》 and《アン(ド)》 art《アート》 in《イン》 temples《テンプルズ》.

●神社　Shrines《シュラインズ》

神社は神道の神様の家です。

Shrines《シュラインズ》 are《アー》 the《ザ》 homes《ホウムズ》 of《オヴ》 the《ザ》 holy《ホウリ》 gods《ガッズ》 of《オヴ》 Shinto《シントー》.

日本には「八《や》百《お》万《よろず》の神」がいると言われています。

It is《イティイズ》 said《セッ(ド)》 there are《ゼアラー》 “Yaoyorozu《ヤオヨロズ》 no《ノ》 Kami《カミ》” (countless《カウントレス》 gods《ガッズ》)
in《イン》 Japan《ヂャパン》.

神様は身のまわりのいろいろなものに宿ると言われます。

These《ズィーズ》 Kami《カミ》 (gods《ガッズ》) are《アー》 said《セッ(ド)》 to《トゥ》 inhabit《インハビット》 everything《エヴリスィン(グ)》 around《アラウンド》 us《アス》.

参拝《さんぱい》の仕方　how《ハウ》 to《トゥ》 worship《ワーシップ》

1.「鳥居《とりい》」の前でおじぎをします。

Bow《バウ》 in《イン》 front《フラン(ト)》 of《オヴ》 the《ザ》 “torii《トリイ》.”

2. 身を清めるために手を洗《あら》います。

Wash《ウォシュ》 your《ユア》 hands《ハンズ》 for《フォ》 purification《ピュアリフィケイション》.

3. おさいせんをおさめます。

Give a《ギヴァ》 small《スモール》 offering《オーファリン(グ)》.

4. 鈴《すず》を鳴らします。

Ring《リング》 the《ザ》 bell《ベル》.

5. 2回おじぎして、2回手を打ち、おいのりします。

Bow《バウ》 twice《トワイス》, clap《クラップ》 twice《トワイス》 and《アン(ド)》 pray《プレイ》.

6. 帰る前にもう1回おじぎをします。

Before《ビフォー》 leaving《リーヴィン(グ)》, bow《バウ》 again《アゲン》.

●伝統芸能《でんとうげいのう》　Traditional《トラディショナル》 Performing《パフォーミン(グ)》 Arts《アーツ》

歌舞伎《かぶき》は日本古来の演劇《えんげき》です。
Kabuki《カブキ》 is《イズ》 the《ザ》 traditional《トラディショナル》 theater《スィーアタ》 of《オヴ》 Japan《ヂャパン》.
全ての役柄《やくがら》を男性《だんせい》が演《えん》じます。
Every《エヴリ》 role《ロウル》 is《イズ》 performed《パフォームド》 by《バイ》 men《メン》.
ユネスコの無形文化遺産《いさん》に登録《とうろく》されています。
It is《イティイズ》 designated《デズィグネイティド》 an Intangible《アニンタンヂブル》 Cultural《カルチュラル》 Heritage《ヘリティヂ》 by《バイ》 UNESCO《ユーネスコウ》.
落語は、人気のある大衆的《たいしゅうてき》な伝統芸能《でんとうげいのう》です。
Rakugo《ラクゴ》, comic《カミック》 storytelling《ストーリテリン(グ)》, is a《イズァ》 popular《パピュラ》 traditional《トラディショナル》 art《アート》.
落語家は座《すわ》ったままでさまざまな表現《ひょうげん》を演《えん》じます。
Rakugoka《ラクゴカ》, comic《カミック》 storytellers《ストーリテラーズ》, act《アクト》 out《アウ(ト)》 stories《ストーリズ》 while《(ホ)ワイル》 sitting《スィティン(グ)》 down《ダウン》.

●着物とゆかた　Kimonos《キモウノズ》 and《アン(ド)》 Yukatas《ユカァタズ》

着物は日本の伝統的《でんとうてき》な衣料です。
Kimonos《キモウノズ》 are《アー》 Japanese《ヂャパニーズ》 traditional《トラディショナル》 clothes《クロウズ》.
昔は、多くの人が着物で生活していました。
Many《メニ》 people《ピープル》 used《ユース》 to《トゥ》 wear《ウェア》 kimonos《キモウノズ》 as《アズ》 their《ゼア》 daily《デイリ》.
最近では、正月や結婚式《けっこんしき》、成人式などの特別な機会に着物を着ることがあります。
Nowadays《ナウアデイズ》, Japanese《ヂャパニーズ》 wear《ウェア》 kimonos《キモウノズ》 mostly《モウストリ》 for《フォ》 New《ニュー》 Year《イア》 celebrations《セレブレイションズ》, weddings《ウェディングス》, coming《カミン(グ)》-of《オヴ》-age《エイジ》 ceremonies《セレモウニズ》 and《アン(ド)》 other《アザ》 special《スペシャル》 occasions《オケイジョンズ》.
ゆかたは着物の仲間《なかま》です。
Yukatas《ユカァタズ》 are《アー》 a《ア》 similar《スィミラ》 to《トゥ》 kimonos《キモウノズ》.
夏祭りや花火などにゆかたを着ることがあります。
We《ウィー》 wear《ウェア》 yukatas《ユカァタズ》 when《(ホ)ウェン》 attending《アテンディン(グ)》 summer《サマ》 festivals《フェスティヴァルズ》, fireworks《ファイアワークス》 displays《ディスプレイズ》, etc《エトセテラ》.

●書道　Shodo《ショドウ》, Japanese《ヂャパニーズ》 Calligraphy《カリグラフィ》

日本人の多くは学校で毛筆書道を学びます。
Most《モウスト》 Japanese《ヂャパニーズ》 learn《ラーン》 to《トゥ》 write《ライト》 calligraphy《カリグラフィ》 with《ウィズ》 a《ア》 brush《ブラッシュ》 at《アッ(ト)》 school《スクール》.

毛筆書道には筆と墨《すみ》、すずりを使います。
We《ウィー》 use《ユーズ》 a《ア》 brush《ブラッシュ》, ink《インク》 and《アン(ド)》 a《ア》 grinding《グラインディン(グ)》 stone《ストウン》 ink《インク》 well《ウェル》 for《フォ》 calligraphy《カリグラフィ》.

●茶道《さどう》　Sado《サドー》, Tea《ティー》-Ceremony《セレモウニ》

茶道《さどう》は、数百年続く、日本の伝統《でんとう》文化です。
The《ザ》 tea《ティー》-ceremony《セレモウニ》 is a《イズァ》 centuries《センチュリィズ》-old《オウルド》 tradition《トラディション》 in《イン》 Japan《ヂャパン》.

手順に沿《そ》って、主人が客に茶をふるまいます。
The《ザ》 host《ホウスト》 prepares《プリペアズ》 and《アン(ド)》 serves《サーヴス》 tea《ティー》 for《フォ》 guests《ゲスツ》 following《ファロウイン(グ)》 an elaborate《アニラボレト》 ritual《リチュアル》.

茶碗《ちゃわん》、茶釜《ちゃがま》、茶筅《ちゃせん》など、特別な道具が使われます。
Special《スペシャル》 utensils《ユーテンスルズ》 including《インクルーディン(グ)》 cups《カップス》, kettle《ケトル》 and《アン(ド)》 whisk《(ホ)ウィスク》 are《アー》 used《ユーズド》.

●生け花　Ikebana《イケバナ》, Floral《フローラル》 Art《アート》

生け花とは日本式に花をかざる方法です。
Ikebana《イケバナ》 is《イズ》 Japanese《ヂャパニーズ》 style《スタイル》 flower《フラウア》 arrangement《アレインヂメント》.

生け花では季節の花や草を使います。
We《ウィー》 use《ユーズ》 seasonal《スィーズナル》 flowers《フラウアズ》 and《アン(ド)》 plants《プランツ》.

生け花では特別なはさみや花器を使います。
We《ウィー》 often《オーフン》 use《ユーズ》 special《スペシャル》 scissors《スィザズ》 and《アン(ド)》 vases《ヴェイスィズ》 as《アズ》 well《ウェル》.

生け花には数百の流《りゅう》派《は》があると言われれます。
There are《ゼアラー》 several《セヴェラル》 hundred《ハンドレド》 Ikebana《イケバナ》 schools《スクールズ》 across《アクロス》 the《ザ》 country《カウントリ》.

ホテルや旅館ではよく生け花をかざります。
Ikebana《イケバナ》 arrangements《アレインヂメンツ》 are《アー》 often《オーフン》 on《オン》 display《ディスプレイ》 in《イン》 hotels《ホウテルズ》 or《オー》 ryokans《リョカンズ》.

●伝統工芸《でんとうこうげい》 Traditional《トラディショナル》 Crafts《クラフツ》

南部鉄器は岩手県の伝統《でんとう》工芸です。
Nambu《ナンブ》 ironware《アイアンウェア》 is a《イズァ》 traditional《トラディショナル》 craft《クラフト》 from《フラム》 Iwate《イワテ》 prefecture《プリーフェクチャ》.

東京産の江戸《えど》切子は180年以上の歴史があります。
Edo《エド》 cut《カット》 glass《グラス》 of《オヴ》 Tokyo《トウキオ》 has《ハズ》 over《オウヴァ》 180《ワンハンドレド》 years《イアズ》 of《オヴ》 history《ヒストリ》.

金箔《きんぱく》細工は石川県金沢《かなざわ》市の名産です。
Gold《ゴウルド》 leaf《リーフ》 work《ワーク》 is a《イズァ》 special《スペシャル》 product《プラダクト》 of《オヴ》 Kanazawa《カナザワ》 City《スィティ》, Ishikawa《イシカワ》 Prefecture《プリーフェクチャ》.

日本刀づくりは世界に誇《ほこ》る伝統《でんとう》工芸です。
The《ズィ》 artisanry《アーティズンリ》 of《オヴ》 Japanese《ヂャパニーズ》 sword《ソード》 making《メイキン(グ)》 is《イズ》 recognized《レコグナイズド》 around《アラウンド》 the《ザ》 world《ワールド》.

刀は武器《ぶき》ですが、芸術品《げいじゅつひん》でもあります。
The《ザ》 sword《ソード》 is《イズ》 both《ボウス》 a《ア》 weapon《ウェポン》 and《アン(ド)》 a《ア》 work《ワーク》 of《オヴ》 art《アート》.

各地にすぐれた刀鍛冶《かたなかじ》や研《と》ぎ師《し》がいます。
There are《ゼアアラー》 master《マスタ》 sword《ソード》 makers《メイカズ》 around《アラウンド》 the《ザ》 country《カウントリ》.

漆器《しっき》は各地で人気の工芸品です。
Lacquerware《ラカウェア》 is a《イズァ》 popular《パピュラ》 traditional《トラディショナル》 craft《クラフト》 found《ファウンド》 in《イン》 many《メニ》 localities《ロウキャリティズ》.

うるしは英語で「ジャパン」と呼《よ》ばれます。
"Urushi,"《ウルシ》 or《オー》 Japanese《ヂャパニーズ》 lacquer《ラカ》 is《イズ》 sometimes《サムタイムズ》 called《コールド》 "Japan"《ヂャパン》 in English《イニングリシュ》.

2014年に和紙がユネスコの無形文化遺産《いさん》に登録《とうろく》されました。
Japanese《ヂャパニーズ》 paper《ペイパ》 was《ワズ》 recognized《レコグナイズド》 as《アズ》 an Intangible《アニンタンヂブル》 Cultural《カルチュラル》 Heritage《ヘリティヂ》 by《バイ》 UNESCO《ユーネスコウ》 in《イン》 2014《トウェンティフォーティーン》.

和紙は文化財《ぶんかざい》の修復《しゅうふく》に用いられます。
Japanese《ヂャパニーズ》 paper《ペイパ》 is《イズ》 used《ユーズド》 for《フォ》 the《ザ》 restoration《レストレイション》 of《オヴ》 cultural《カルチュラル》 treasures《トレジャズ》.

●相撲《すもう》　Sumo《スモウ》 Wrestling《レスリン(グ)》

大相撲《おおずもう》は伝統的《でんとうてき》な人気スポーツです。
"Ozumo"《オーズモウ》 or《オー》 Grand《グランド》 Sumo《スモウ》 is《イズ》 the《ザ》 most《モウスト》 popular《パピュラ》 setting《セッティン(グ)》 for《フォ》 the《ザ》 sport《スポート》.

大相撲《おおずもう》は年に6場所行われます。
Grand《グランド》 Sumo《スモウ》 consists《コンスィスツ》 of《オヴ》 six《スィクス》 "bashos"《バショズ》 or《オー》 tournaments《トゥアナメンツ》 a《ア》 year《イア》.

1場所に、15日間のトーナメントが行われます。
Each《イーチ》 basho《バショ》 is《イズ》 one《ワン》 15《フィフティーン》-day《デイ》 tournament《トゥアナメント》.

最近は外国人力士が活躍《かつやく》しています
Recently《リースントリ》, many《メニ》 of《オヴ》 the《ザ》 strongest《ストローンゲスト》 sumo《スモウ》 wrestlers《レスラズ》 are《アー》 foreign《フォーレン》-born《ボーン》.

●武道《ぶどう》（剣道《けんどう》、柔道《じゅうどう》）　Budo《ブドウ》 (Kendo《ケンドウ》 and《アン(ド)》 Judo《ジュードウ》)

剣道《けんどう》は日本古来の武道《ぶどう》です。
Kendo《ケンドウ》, Japanese《ヂャパニーズ》 fencing《フェンスィン(グ)》, is《イズ》 an ancient《アネインシェント》 martial《マーシャル》 art《アート》.

剣道《けんどう》は体と心をきたえるものと考えられています。
Kendo《ケンドウ》 is《イズ》 used《ユーズド》 to《トゥ》 train《トレイン》 both《ボウス》 the《ザ》 body《バディ》 and《アン(ド)》 the《ザ》 mind《マインド》.

柔道《じゅうどう》は、百数十年前に概念《がいねん》や制度《せいど》が確立《かくりつ》しました。
The《ザ》 concept《カンセプト》 and《アン(ド)》 method《メソド》 of《オヴ》 Judo《ジュードウ》 were《ワー》 established《イスタブリシュ(ト)》 over《オウヴァ》 a《ア》 hundred《ハンドレド》 years《イアズ》 ago《アゴウ》.

現代《げんだい》では、世界中に柔道《じゅうどう》が広まっています。
Nowadays《ナウアデイズ》, Judo《ジュードウ》 is《イズ》 practiced《プラクティス(ト)》 all《オール》 over《オウヴァ》 the《ザ》 world《ワールド》.

●もっと知りたい！ 日本紹介《しょうかい》に役立つ英単語

大相撲《おおずもう》の取組
Grand《グランド》 Sumo《スモウ》 match《マッチ》

横綱《よこづな》
Yokozuna《ヨコズナ》 Grand《グランド》 Champion《チャンピオン》

稽古《けいこ》
practice《プラクティス》

柔道《じゅうどう》の投げ技《わざ》
a《ア》 Judo《ジュードウ》 throw《スロウ》

●旅館に泊《と》まる　Staying《ステイイン(グ)》 at《アッ(ト)》 Ryokan《リョカン》

旅館は日本式の宿泊《しゅくはく》施設《しせつ》です。

A《ア》 ryokan《リョカン》 is《イズァ》 a Japanese《ヂャパニーズ》 style《スタイル》 inn《イン》.

露天風呂《ろてんぶろ》のついた部屋もあります。

Some《サム》 rooms《ルームズ》 have《ハヴ》 open-air《オウプンネア》 baths《バ(ー)ズ》.

大浴場の温泉《おんせん》でくつろぎましょう！

You《ユー》 can《キャン》 relax《リラックス》 in《イン》 hot《ハッ(ト)》 spring《スプリン(グ)》 water《ウォータ》 in《イン》 the《ザ》 big《ビッグ》 bath《バス》.

客室で食事ができる旅館もあります。

Ryokans《リョカンズ》 will《ウィル》 often《オーフン》 offer《オーファ》 dinner《ディナ》 served《サーヴド》 in《イン》 the《ザ》 guest's《ゲスツ》 room《ルーム》.

●電化製品《せいひん》と電気街

Electric《イレクトリック》 Appliances《アプライアンスィズ》 and《アン(ド)》 the《ズィ》 "Electric《イレクトリック》 Town《タウン》"

家庭用電化製品《せいひん》は高品質《こうひんしつ》で世界に知られています。

Japanese《ヂャパニーズ》 electric《イレクトリック》 appliances《アプライアンスィズ》 are《アー》 world《ワールド》 famous《フェイマス》 for《フォ》 their《ゼア》 quality《クワリティ》.

日本には世界初の電化製品《せいひん》がいくつもあります。

Many《メニ》 electric《イレクトリック》 appliances《アプライアンスィズ》 were《ワー》 first《ファースト》 invented《インヴェンティド》 in《イン》 Japan《ヂャパン》.

温水洗浄便座《せんじょうべんざ》などの、人にやさしい家電も人気があります。

The《ザ》 bidet《ビデイ》-toilet《トイリッ(ト)》 and《アン(ド)》 other《アザ》 people《ピープル》-friendly《フレンドリ》 electric《イレクトリック》 appliances《アプライアンスィズ》 are《アー》 also《オールソウ》 popular《パピュラ》.

秋葉原の電気街は、世界的に有名です。

The《ズィ》 "Electric《イレクトリック》 Town《タウン》" in《イン》 Akihabara《アキハバラ》 is《イズ》 world《ワールド》 famous《フェイマス》.

外国人旅行客がよく秋葉原で電気製品《せいひん》を購入《こうにゅう》します。

Foreign《フォーレン》 tourists《トゥ(ア)リスツ》 come《カム》 here《ヒア》 to《トゥ》 buy《バイ》 the《ザ》 newest《ニューエスト》 electronic《イレクトラニック》 gadgets《ギャヂッツ》 and《アン(ド)》 appliances《アプライアンスィズ》.

最近では、人間と会話をする家庭用のロボットも人気です。

Robots《ロウバッツ》 that《ザト》 can《キャン》 converse《コンヴァース》 with《ウィズ》 human《ヒューマン》 beings《ビーイングス》 are《アー》 growing《グロウイン(グ)》 in《イン》 popularity《パピュラリティ》 recently《リースントリ》.

●キャラクター　Characters《キャラクタズ》

世界的な人気アニメなどの、キャラクターが多くあります。
We《ウィー》 have《ハヴ》 many《メニ》 world《ワールド》 famous《フェイマス》 animation《アニメイション》 characters《キャラクタズ》.

日本のアニメの熱狂的《ねっきょうてき》なファンが世界中にいます。
Japanese《ヂャパニーズ》 animation《アニメイション》 or《オー》 anime《アニメ》 has《ハズ》 enthusiastic《インスーズィアスティック》 fans《ファンズ》 around《アラウンド》 the《ザ》 world《ワールド》.

ご当地キャラは、地方自治体を宣伝《せんでん》するキャラクターです。
There《ゼア》 are《ラー》 simplistic《スィンプリスティク》 characters《キャラクタズ》 used《ユーズド》 to《トゥ》 promote《プロモウト》 local《ロウカル》 governments《ガヴァンメンツ》.

最近では、ご当地キャラがブームです。
Local《ロウカル》 characters《キャラクタズ》 are《アー》 booming《ブーミン(グ)》 in《イン》 popularity《パピュラリティ》 these《ズィーズ》 days《デイズ》.

●伝統的《でんとうてき》なあそび　Traditional《トラディショナル》 Amusements《アミューズメンツ》

あやとり、けん玉、折り紙は、日本古来のあそびです。
Ayatori《アヤトリ》 (string《ストリン(グ)》 figure《フィギャ》 game《ゲイム》), kendama《ケンダマ》 (ball《ボール》 and《アン(ド)》 cup《カップ》 game《ゲイム》) and《アン(ド)》 origami《オリガミ》 (paper《ペイパ》 folding《フォウルディン(グ)》) are《アー》 traditional《トラディショナル》 amusements《アミューズメンツ》.

日本人は手先が器用だと言われます。
Japanese《ヂャパニーズ》 are《アー》 said《セッ(ド)》 to《トゥ》 have《ハヴ》 good《グッド》 manual《マニュアル》 dexterity《デクステリティ》

あやとりは、世界中で行われる遊びです。
Playing《プレイイン(グ)》 with《ウィズ》 string《ストリン(グ)》 like《ライク》 ayatori《アヤトリ》 is《イズ》 common《カモン》 worldwide《ワールドワイド》.

けん玉は、世界選手権《せんしゅけん》が行われるほど人気です。
Kendama《ケンダマ》 is《イズ》 so《ソウ》 popular《パピュラ》 abroad《アブロード》, there is《ゼアリズ》 even《イーヴン》 a《ア》 world《ワールド》 championship《チャンピオンシップ》.

「オリガミ」は世界でよく知られ、外国語にもなっています。
Paper《ペイパ》 folding《フォウルディン(グ)》 is《イズ》 well《ウェル》 known《ノウン》, and《アン(ド)》 the《ザ》 word《ワード》 “origami《オリガミ》” is《イズ》 now《ナウ》 used《ユーズド》 in《イン》 foreign《フォーレン》 languages《ラングウィヂィズ》.

じゃんけんは、日本にルーツがあると考えられています。

Rock《ラック》-paper《ペイパ》-scissors《スィザズ》 is《イズ》 considered《コンスィダード》 to《トゥ》 have《ハヴ》 its《イッツ》 origin《オーリヂン》 in《イン》 Japan《ヂャパン》.

出典：「国際交流を応援する本　～10か国語でニッポン紹介」シリーズ（岩崎書店）より

索引《さくいん》

著／パックンマックン
パトリック・ハーラン（パックン）と吉田眞（マックン）が1997年に結成したお笑いコンビ。日米文化をネタにしたお笑いで人気を博し、現在もテレビやラジオ、イベントなど幅広いフィールドで活躍している。
• パトリック・ハーラン（パックン）
1970年、アメリカ・コロラド州出身。1993年にハーバード大学卒業後、来日。福井県で英会話の講師をしながら劇団に所属。1997年に上京、吉田眞とコンビ結成（ボケ）。NHK『爆笑オンエアバトル』『英語でしゃべらナイト』で人気者に。現在、流通経済大学、関西大学で客員教授、東京科学大学で非常勤講師を務める。
• 吉田眞（マックン）
1973年生まれ。群馬県富岡出身。共通の知人の紹介でパックンと知り合い、コンビ結成（ツッコミ）。中学時代から英語が大の苦手だったが30歳で一念発起。2003年にはラスベガスで英語で漫才を披露するまでになった。富岡ふるさと大使、ぐんま観光大使。

渡邉　優（わたなべ　まさる）
1956年東京生まれ。東京大学法学部卒業。外務省入省。在キューバ大使などを歴任。退職後、国際関係論の学者兼文筆家へ。成蹊大学客員教授、国連英検指導検討委員、日本国際問題研究所客員研究員。『ゴルゴ13』の脚本協力も手掛ける。

企画・編集／稲葉茂勝
NPO法人子ども大学くにち理事長、
子どもジャーナリスト（Journalist for Children）

編集・制作／こどもくらぶ
あそび・教育・福祉・国際などさまざまな分野で児童書を企画編集し、毎年多くの作品を発表。各方面から高く評価されている。

協力／NPO法人子ども大学くにたち
国立学園小学校

装丁／長江知子（こどもくらぶ）

本文デザイン・DTP／
佐藤道弘（こどもくらぶ）

撮影／福島章公

今人舎・子ども大学叢書 ❹
通じればいいんです！
外国人とのコミュニケーションの第一歩
N.D.C.837

2025年1月30日　第1刷発行

著　者　パックンマックン　渡邉　優
発行者　中嶋舞子
発行所　株式会社 今人舎
〒186-0001　東京都国立市北1-7-23
電話 042-575-8888　FAX 042-575-8886
印刷・製本　株式会社シナノパブリッシングプレス

ISBN978-4-910658-16-2 192P 188mm×128mm Printed in Japan
今人舎ホームページ　https://www.imajinsha.co.jp　E-mail nands@imajinsha.co.jp